Chinese for Beginners
and Advanced Beginners

CHINESE

for Beginners
and Advanced Beginners

A Complete Course of
Spoken and Written
Chinese

ELLIE MAO MOK

Ungar / New York

For a guide to pronunciation to accompany the text,
the publishers recommend purchase of cassette
tapes available directly from the author.

For information and prices please write to:
Mrs. Ellie Mao Mok
14 Colonial Avenue
Larchmont, New York 10538

The opening section, *Chinese for Beginners*, was prepared
with the collaboration of Jean Jofen.

1987

The Ungar Publishing Company
370 Lexington Avenue
New York, NY 10017

Printed in the United States of America

Library of Congress Cataloging-in-Publication Data

Mok, Ellie Mao.
  Chinese for beginners and advanced beginners.

  A compilation of the author's previously published
works: Chinese for beginners and Chinese for advanced
beginners.
  1. Chinese language—Readers. I. Mok. Ellie Mao.
Chinese for beginners. 1987. II. Mok Ellie Mao.
Chinese for advanced beginners. 1987. III. Title.
PL1115.M62 1987   495.1'82421   87-5878
ISBN 0-8044-6515-0 (pbk.)

ACKNOWLEDCMENTS

Mr. Robert Lee for his handsome calligraphy for <u>Advanced Beginners</u>.
Dr. Fred Buckley and Miss Vickie Parker for proofreading.
Mr. T.C.King,now deceased, for the expert typing of the Chinese characters.
Mr. Booker Lee for the elegant calligraphy on the cover.

E. M. M.

Larchmont, New York
February, 1987

CHINESE
for Beginners

Chinese for Beginners

TABLE OF CONTENTS

INTRODUCTION

Chinese for Beginners is the first part of a book designed as a complete primer for a two-semester course. The second part, Chinese for Advanced Beginners, a continuation of the first, is intended for the second semester. The emphasis in both parts is on the pronunciation of Chinese words, which are romanized according to the standard "Pinyin"(literally putting sounds together) system.

The first six lessons concentrate on the four-tone levels of the Beijing dialect and introduce a few basic characters with the syllables. The students then begin to learn conversation, using the romanized form. Each conversation lesson is written in simple language and deals with familiar subjects. Chinese characters in brush strokes are gradually introduced with each lesson as the student progresses, so that by the end of the course he will have acquired a basic command of spoken and written Chinese (approximately 600 vocabulary words and 500 Chinese characters).

Written Chinese is universal. However, China is a mutiracial nation, with the Han people as the dominant ethnic group. Many different dialects are spoken even among the Han people themselves, according to the different geographic regions to which they belong. In a drive to standardize Chinese speech, the Chinese government adopted the Beijing (Peking) dialect as the "Standard Speech." The Standard Speech has become the chief means of communication among different ethnic groups of Chinese, and the "Pinyin" system, using the Latin alphabet, is the result of this campaign. Now children all over China, who enter the elementary schools at age seven, begin to learn the Pinyin system. Street names and store signs in China are written both in characters and Pinyin so that people can pronounce them in the Standard Speech.

Chinese taught in this primer is Standard Speech, and the romanization of the words follows the standard Pinyin system adopted by the Committee for Reforming the Chinese Written Language in 1958. Now it is almost universally adopted, and is used by such groups as the cartographic conference of the United Nations, New York Times, Time magazine, and Newsweek. The Library of Congress is considering the system for the cataloguing of Chinese materials in all the libraries in the United States in 1981.

The grammar of the Chinese language is simple. There are no grammatical inflections of Chinese words, consequently no conjugations of verbs or declensions of nouns and adjectives. There is no tense and no alphabet. Words are represented by ideographs. Chinese ideographs or characters are written in brush strokes. Each character represents a complete word. Each word is monosyllabic and is spoken on a specific tone level. In the spoken language, the meaning of a monosyllabic word varies according to the tone level. In other words, the Chinese spoken language is tonal. For example, the syllable 'ma' has different meanings according to the tone level in which it is pronounced.

When pronounced on an even level, it means 'mother'.
When pronounced on a high rising level, it means 'hemp'.
When pronounced on a first falling then rising tone, it
    means 'horse'.
When pronounced on a falling tone, it means 'to scold'.

Chinese is traditionally written from top to bottom, right to left. However, since the trend is to follow the pattern of Western languages in modern publications, Chinese is now written horizontally from left to right.

The Chinese characters used in these books are written in the simplified form, which is the form used in publications of the People's Republic of China since 1958.

The scenario of these books is set in contemporary Beijing (Peking), the capital of the People's Republic. Conversation material covers such matters as hotels, meals, sightseeing, etc. Innovative and interesting rhythmic drills are used as an effective way to learn spoken Chinese. These books are simple, concise, and easy to use; they are suitable for colleges, high schools, and language schools. Travelers to China will find the books especially useful. Cassette tapes of the lessons are also available through the author.

It should also be mentioned here, that the English translations of the Chinese texts used in these books are often unidiomatic, even

awkward, in order to render the Chinese texts as closely as possible
and thus enhance the reader's comprehension.

CHINESE IDEOGRAPHS:

According to <u>Shuō Wén Jǐe Zì</u>(Etymological Treatise on Chinese
Characters),compiled by Xǔ Shèn, a man by the name of Cāng Jíe, who
lived more than four thousand years ago, invented the first two cate-
gories of Chinese ideographs, based on animal footprints. The first
category is called Xìangxíng or Pictographic. To this category belong
those characters that in their original form,represent pictures of
objects. Later on, these characters lost their pictorial form and
became conventional signs. Here are some examples:

PICTOGRAPHS	ESTABLISHED FORM	SIMPLIFIED FORM	PINYIN & TONE	MEANING
	馬	马	mǎ	horse
	人	人	rén	man
	田	田	tían	field
	口	口	kǒu	mouth
	日	日	rì	sun
	月	月	yùe	moon

The tone marks are placed on top of the romanized words (over the
vowels).

The second category Cāng Jíe invented is called Zhǐshì or the
Indicative. To this category belong the characters that express a certain
idea. For example:

CHARACTER	PINYIN & TONE	MEANING
一	yī	one
二	èr	two
上	shàng	up
下	xìa	down
高	gāo	high, tall
底	dǐ	bottom

Later on four more categories were added. These are: Xíngshēng (the combination of shape and sound), Huìyì (the combination of shapes), Zhuǎnzhù (the Implicative) and Jiǎjiè (the Adoptive). Here are some examples for each category:

Category Xíngshēng (the combination of shape and sound): To this category belong most of the Chinese characters. In this category each character has two parts. One part is called the 'phonetic' which gives the sound of the character. The other part is called the 'signific or radical' which gives the classification of the things or ideas denoted by the character. Examples:

CHARACTER	PHONETIC PART	SIGNIFIC PART	PINYIN & TONE	MEANING
马	马 (horse)	马 (horse)	mǎ	horse
骂	马 (horse)	口 (mouth)	mà	to scold
吗	马 (horse)	口 (mouth)	ma	question particle
妈	马 (horse)	女 (female)	mā	mother
青	青 (green or blue)		qīng	green or blue (depending on the color of the noun. green grass, blue sky)
请	青 (green or blue)	(言)讠 (speech)	qǐng	please; to invite
晴	青 (green or blue)	(日)日 (sun)	qíng	sunny
清	青 (green or blue)	(水)氵 (water)	qīng	clear
情	青 (green or blue)	(心)忄 (heart)	qíng	feeling, emotion

Category Huìyì (the combination of shapes):   In this category the combination of the characters conveys a meaning.

CHARACTER & DESCRIPTION		PINYIN & TONE	MEANING
信	words of a person	xìn	trust; letter
林	two trees	lín	forest
明	sun and moon	míng	bright light
好	女 female 子 male together means good	hǎo	good; well; fine

- 4 -

Category Zhuanzhu (the Implicative):   This category has the smallest
number of characters. Some characters share a common part, and although
they are written differently, they have the same meaning.

CHARACTER	COMMON PART	PINYIN & TONE	MEANING
老	耂	lǎo	old age
考	耂	kǎo	old age
睡	目	shùi	to sleep
眠	目	mían	to sleep

Category Jiajie (the Adoptive)   In this category some characters have
more than one meaning or even more than one pronunciation, though the
character remains the same.

CHARACTER	PINYIN & TONE	MEANING
长	cháng	long (adj.)
长	zhǎng	to grow
降	jìang	to fall
降	xíang	to surrender
觉	júe	to feel
觉	jìao	slumber (noun)

The Chinese phonetic alphabet consists of vowels(finals) and
consonants(initials). The vowels in the Chinese language are approximate-
ly the same as in English. They are:

a   pronounced like 'a' in 'father'
e   slurred between an 'a' and an 'e' as in 'bud',or as the French 'e'
i   pronounced like 'i' in 'ski'
o   pronounced like 'o' in 'or'
u   pronounced like 'u' in 'super' (after 'j','y','x','q','u'is pronounced
                            as 'u' in French or 'ü' in German)
        Chinese has also vowel combinations and diphthongs:
ai   as 'ai' in 'aisle'
ao   as 'ow' in 'how'
ei   as 'ei' in 'eight'
ya(ia)as as 'ya' in 'yacht'
        It is written 'ya' at the beginning of a word and 'ia' in the middle
        of a word.

- 5 -

ye(ie) as 'ye' in 'yes' ('ye' at the beginning of a word,'ie' in the middle of a word.

ou   as 'ou' in 'shoulder'

wa(ua) as 'wa' in 'watch' ('wa' at the beginning of a word,'ua' in the middle).

wo(uo) as 'wa' in 'wall' ('wo' at the beginning of a word,'uo' in the middle).

yi   as 'yi' in 'yield'

yu   as the'ü'in German or'u' in French

The consonants are:

b,p,m,f,d,t,n,l,k,s   pronounced the same as in English

g pronounced hard as in 'gun'

h as in 'husky'

j as 'j' in 'jeep' (palatalized)

q as 'ch' in 'cheese' (palatalized)

x as 'sh' in 'she' (palatalized)

zh as 'ge' in 'George' (retroflex)

ch as 'ch' in 'church' (retroflex)

sh as 'sh' in 'shut' (retroflex)

r no equivalent sound in English,the closest as 'sur' in 'pleasure'
                                                         (retroflex)

z as 'ds' in 'odds'

c as 'ts' in 'goats'

y as 'ee' in 'glee' ('yi' as initial)

w as 'u' in 'Sue'   ('wu' as initial)

ü as 'ü' in German ('yu' as initial)

Chinese words usually begin with a consonant. They may end in many kinds of finals, such as a vowel, a diphthong, a consonant, a nasalized consonant or a nasalized vowel. Here are some of the most common endings:

an   pronounced as 'Ann'

ang   as ' ong' in'Hongkong'

en   as 'un' in 'sun'

eng   as 'ung' in 'sung'

er   as 'er' in 'her'

ao   pronounced as 'ow' in 'how'

ai	as 'ai' in 'aisle'
e	slurred between an 'a' and an 'e' as in 'bud', or as the French 'e'
o	as 'o' in 'or'
ou	as 'ou' in 'shoulder'
i	as 'i' in 'ski'
ei	as 'ei' in 'eight'
in	as 'in' in 'pin'
ing	as 'ing' in 'sing'
ong	pronounced as 'own'
u	as 'u' in 'super'
u	after j,q,x,y, u is pronounced ü as in German or u in French
un	as 'wen' in 'went'

LESSON I

Vowel 'a' as 'a' in 'father'
Syllable 'ma'

　　　　There are many different characters with the same syllable 'ma'.
The meaning varies with the tone. Here are five examples.

CHARACTER	COMPOSITION OF THE CHARACTER	PINYIN & TONE		MEANING
马	pictorial character	mǎ	falling &rising	horse
妈	combination of shape & sound 女　sign for female 马　sound for horse	mā	level	mother
麻	combination of shapes 木　sign for tree (material taken from tree)	má	rising	hemp
骂	combination of shape & sound 口　sign for mouth 马　sound for horse	mà	falling	to scold
吗	口　sign for mouth 马　sound for horse	ma	neutral	question particle

Pronounce each tone separately in unison:

　　　　　mā mā mā mā (first tone 'level')
　　　　　má má má má (second tone 'rising')
　　　　　mǎ mǎ mǎ mǎ (third tone 'falling and rising')
　　　　　mà mà mà mà (fourth tone 'falling')
　　　　　ma ma ma ma (neutral tone, pronounce lightly)

Give the meaning to each of the syllable 'ma' according to the tone.
TONE DRILL:

Combine the first and the second tones:
　　　　　mā mā mā mā　　má má má má
Combine the first and the third tones:
　　　　　mā mā mā mā　　mǎ mǎ mǎ mǎ
Combine the first and fourth tones:
　　　　　mā mā mā mā　　mà mà mà mà
Combine the second and the first tones:
　　　　　má má má má　　mā mā mā mā
Combine the second and the third tones:
　　　　　má má má má　　mǎ mǎ mǎ mǎ

Combine the second and the fourth tones:
      má má má má   mà mà mà mà
Combine the third and the first tones:
      mǎ mǎ mǎ mǎ   mā mā mā mā
Combine the third and the second tones:
      mǎ mǎ mǎ mǎ   má má má má
Combine the third and the fourth tones:
      mǎ mǎ mǎ mǎ   mà mà mà mà
Combine the fourth and the first tones:
      mà mà mà mà   mā mā mā mā
Combine the fourth and the second tones:
      mà mà mà mà   má má má má
Combine the fourth and the third tones:
      mà mà mà mà   mǎ mǎ mǎ mǎ
Combine all the tones:
      mā má mǎ mà   mā má mǎ mà ma
      mā má mǎ mà   mā má mǎ mà ma
      mǎ mā má mà   mǎ mā má mà ma
      má mà mǎ mā   má mà mǎ mā ma

Give the English meaning for the following words according to the tonal inflection:

      má   mǎ   mā   mà   ma

Translate the following lines into English:
1. māmā mà.
2. māmā mà ma?
3. māmā mà mǎ.
4. māmā mà mǎ ma?

The characters of 'horse', 'mother', 'to scold' and the question particle are:

马 (mǎ) horse

妈 (mā) mother

骂 (mà) to scold

吗 (ma) question particle

> The characters used in this book are in the simplified form.
> The order of strokes for each character is provided in the
> appendix.

READING SELECTION:

1. 妈妈骂。

2. 妈妈骂马。

3. 妈妈骂吗?

4. 妈妈骂马吗?

5. 马骂妈妈吗?

EXERCISES:

1. Point out which character means 'to scold' and which means 'horse'.
2. Write out the Pinyin version with the tone of the above selection.
3. Give the English meaning of the above selection.
4. Translate the following sentences into Chinese using Pinyin:
   A.(The) mother scolds (the) horse.
   B. Does (the)mother scold (the) horse?
   C. Does (the) horse scold (the) mother?

Vowel u as 'u' in 'super'

Syllables: bu, kan

    bù(ˊ) no,not (negative particle)

    kàn to see,to look,to read

TONE DRILL: Practice the two new syllables 'bù' and 'kàn' in the four different tones:

bū	bú	bǔ	bù		kān	kán	kǎn	kàn
bū	bú	bǔ	bù		kān	kán	kǎn	kàn
bù	bǔ	bú	bū		kàn	kǎn	kán	kān
bú	bǔ	bū	bù		kán	kǎn	kān	kàn

Point out which syllable 'bu' means 'no' and which syllable 'kan' means 'to see'.

Give the English meaning for the following sentences:

1. māmā kàn.

2. māmā kàn mǎ.

3. māmā bú kàn. (*)

4. māmā bú kàn mǎ.

5. mǎ bú kàn māmā.

6. māmā kàn mǎ, bú mà mǎ.

7. māmā mà mǎ ma?   bú mà (**)

8. māmā kàn mǎ ma?   kàn   (**)

    (*) The negative particle 'bù' always precedes the verb and is usually pronounced in the fourth tone. However, when it negates a verb which is also in the fourth tone,'bù' is pronounced in the second tone. For example: Verbs 'mà'(to scold) and 'kàn'(to see) are both in the fourth tone,'bù' for 'do not scold' and 'do not see' is pronounced in the second tone,'bú mà' and 'bú kàn'.

    (**) In Chinese,one does not answer a question with 'yes' or 'no'. To answer the question,"Does the mother see the horse?" affirmatively,one says 'kàn' (She sees.); and negatively, one says' bú kàn' (She sees not.). The verb alone means 'yes', a negated verb means 'no'.

NEW CHARACTERS: 不 (bù),   看 (kàn)

CHARACTER REVIEW: 马 妈 骂 吗 麻

READING SELECTION:

1. 妈妈看。

2. 妈妈看马。

3. 妈妈不看。

4. 妈妈不看马。

5. 马不看妈妈。

6. 妈妈看马，不骂马。

7. 妈妈骂马吗? 不骂。

8. 妈妈看马吗? 看。

EXERCISES:

1. Translate the above 'Reading Selection' into English.

2. Transcribe the following sentences into Pinyin indicating the correct tones:
   A. 妈妈看马不骂马。
   B. 妈妈不看马。
   C. 马看妈妈吗?
   D. 马骂妈妈吗?
   E. 妈妈不骂马吗?

3. In the above sentences underline the word 'to see'.

4. Say the following sentences in Chinese:
   A. (The) mother sees (the) horse.
   B. (The) horse does not see (the) mother.
   C. (The) mother scolds (the) horse.
   D. (The) horse does not scold (the) mother.
   E. Does (the) mother scold (the) horse?
   F. Does (the) horse see (the) mother?

5. In the above exercise, change A and C into the negative form and give answers to E and F.

LESSON III

Vowels:

i   as 'i' in 'ski'
o   as 'o' in 'or'

Syllables: wǒ, nǐ, tā

    wǒ   I, me
    nǐ   you,you
    tā   he,she,it,him,her,it (In Chinese,'he' 'she' 'it' are pronounced
                               the same though one part of the written
                               character is different.)

TONE DRILL: Practice the three new syllables 'wǒ' 'nǐ' and 'tā'
                 in the four different tones:

    wō wó wǒ wò   nī ní nǐ nì   tā tá tǎ tà
    wō wó wǒ wò   nī ní nǐ nì   tā tá tǎ tà

Point out which syllable 'wo' means 'I',which syllable 'ni' means 'you'
and which syllable 'ta' means 'he' or'she'.

Read the following sentences:
1. wǒ kàn nǐ,nǐ kàn wǒ,tā kàn māmā.
2.māmā kàn wǒ bú kàn nǐ.
3.tā mà nǐ,nǐ mà wǒ, wǒ mà tā.
4.tā kàn māmā,māmā kàn nǐ,nǐ kàn mǎ.
5.māmā mà wǒ, tā bú mà nǐ.
6.māmā mà tā ma?
7.tā kàn nǐ ma?
8.wǒ kàn mǎ,nǐ kàn mǎ ma?

Give the English meaning of the above sentences.
In the above sentences,change numbers 1,3,4 into the negative and give
    answers to numbers 6,7,8.

NEW CHARACTERS: 我 (wǒ)   你 (nǐ)   他 (tā)he   她 (tā)she

CHARACTER REVIEW: 马妈骂吗不看我你他她

- 13 -

READING SELECTION:

1. 妈妈看我。

2. 我看你，我不看他。

3. 你看我吗？

4. 妈妈看他吗？

5. 我看马，你看马吗？

6. 他骂你，你骂他。

7. 我不骂你，你不骂我。

8. 她看妈妈，妈妈看你，你看马。

9. 我看你，你看他，你不看妈妈。

10. 妈妈骂我，不骂你，不骂他。

EXERCISES:

1. Translate the 'Reading Selection' into English.

2. Transcribe the following sentences into Pinyin indicating the correct tones:

   A. 妈妈看我，不看你。

   B. 你看妈妈吗？

   C. 马不看他。

   D. 你骂他吗？

   E. 我不骂他。

3. In the following sentences write the Chinese characters for the underlined words:

   A. I see you.

   B. Mother scolds him.

   C. She sees (the) horse.

   D. you do not see me.

4. Say the following sentences in Chinese:

   A. I see you;you see him;he sees the horse.

   B. Mother scolds you;you scold the horse.

   C. He scolds me;he doesn't scold you.

   D. (The)horse doesn't see (the) mother.

   E. I see her;do you see her?

   F. (The) horse sees him;he doesn't see (the)horse.

NOTES ON GRAMMAR: The Verb

Chinese verbs are not conjugated. The same form serves all persons regardless of number or tense. The Chinese say, 'wǒ kàn'(I see) 'nǐ kàn' (you see),'tā kàn' (he see) instead of 'I see,you see,he sees'; 'wǒ mà' (I scold),'nǐ mà'(you scold),'tā mà'(he scold) instead of 'I scold, you scold,he scolds). The verb does not change.

Vowel e as 'u' in 'bud'

è (to be)hungry

TONE DRILL: Practice the syllable 'è' in the four different tones:

ē é ě è   ē é ě è

Point out which syllable 'e' means '(to be)hungry'

Read the following sentences:

1. wǒ è,nǐ è ma? (*)

2. māmā è,mǎ è,wǒ bú è.

3. tā è,wǒ è, nǐ bú è.

4. mǎ bú è ma? bú è.

5. māmā è ma? è.

(*) The adjective 'è',and many similar adjectives, are used to des-
cribe certain qualities or conditions without using the verb'to be'.
The verb'to be' is understood when it is followed by an adjective alone.
The Chinese say,'I hungry','you hungry','he hungry' instead of 'I am
hungry','you are hungry' and 'he is hungry'.

Give the English meaning of the above sentences.

Say the following sentences in Chinese:

1. I see (the) horse;(the) horse is hungry.

2. Do you see (the) mother? Is she hungry?

3. She is not hungry; I am hungry.

4. (The) horse is hungry;(the) mother doesn't scold it.

5. Is he hungry? He is not hungry.

CHARACTER: 饿 (è)

CHARACTER REVIEW:马妈骂吗不看我你他她

READING SELECTION:

1. 我饿，你饿，他不饿。

2. 马饿，妈妈饿，我不饿。

3. 他饿吗? 他不饿。

4. 妈妈饿吗? 她饿。

5. 马不饿吗? 不饿。

6. 你饿吗? 不饿。

EXERCISE: Translate the above sentences into English and transcribe them
into Pinyin.

Diphthongs:

    ai   as 'ai' in 'aisle'

    ei   as 'ei' in 'eight'

Syllables:

    lái   to come

    lèi   (to be) tired

TONE DRILL: Practice the two new syllables 'lái' and 'lèi' in the four different tones.

            lāi lái lǎi lài   lēi léi lěi lèi

            lāi lái lǎi lài   lēi léi lěi lèi

Point out which syllable 'lai' means 'to come' and which syllable 'lei' means 'to be tired'.

Read the following sentences:

1. wǒ lái, nǐ lái, tā bù lái, māmā bù lái.

2. mǎ lái, mǎ kàn māmā, mǎ è.

3. wǒ lái, wǒ lèi, wǒ è.

4. māmā lái, tā bú lèi, bú è.

5. nǐ lái ma? nǐ lèi ma? nǐ è ma?

6. wǒ lái mà nǐ, nǐ lái mà tā.

Give the English meaning of the above sentences.

In the above sentences, change numbers '2' '4' '6' into the negative and give an answer to number '5'.

NEW CHARACTERS: 来 (lái)   累 (lèi)

CHARACTER REVIEW: 马 妈 骂 吗 不 看 我 你 他 她 饿

READING SELECTION:

1.   你来吗?   你累吗?   你饿吗?

2.   我不来,我不累,我不饿。

3.   马累吗?   妈妈来看马吗?

4.   我来看马,你来看马,他不来看马。

5.   妈妈累,她不来看你。

6.   你累,他累,我不累。

7.   你来看妈妈吗?

8.   你不来看我吗?   你来看他吗?

EXERCISES:

1. Translate the 'Reading Selection' into English.
2. Transcribe the 'Reading Selection' into Pinyin indicating the correct tones.
3. Say the following sentences in Chinese:
    A. I come to scold (the) horse.
    B. (The) mother is tired. She is hungry.
    C. Are you tired? Are you hungry?
    D. I am not tired. I am hungry.
    E. Is (the) mother coming? (No), she is not coming.
    F. She is not tired. She is hungry.
    G. Is he coming? Is he tired?
    H. Is (the) mother coming to scold (the) horse?

4. Write the Chinese characters for the following words and give the English meaning:
    A. wǒ lèi
    B. tā lái
    C. mǎ è
    D. māmā bù lái
    E. nǐ bú kàn
    F. tā bú lèi

Additional Diphthongs:

    ao   as 'ow' in 'how'

    ou   as 'ou' in 'shoulder'

Syllables:

    hǎo   (to be)good;(to be)well;(to be)fine

    dōu   all

    mén   (particle to be added after nouns and pronouns to make

             them plural)

TONE DRILL: Practice the three new syllables 'hǎo' 'dōu' and 'mén'
in the four different tones.

        hāo háo hǎo hào   dōu dóu dǒu dòu   mēn mén měn mèn

        hāo háo hǎo hao   dōu dóu dou dòu   mēn mén mén mèn

Point out which syllable 'hao' means 'good',which syllable 'dou' means
'all' and which syllable 'men' is the particle for plural number.

Read the following sentences:

1. māmā hǎo, mǎ hǎo, nǐ hǎo ma?

2. wǒ hǎo,nǐ hǎo,tā hǎo,wǒmen dōu hǎo.

3.nǐmen dōu lèi,tāmen dōu bú lèi.

4.wǒmen è,nǐmen è ma?

5.mǎ lèi,wǒmen lái kàn mǎ.

6.tāmen lái kàn nǐmen.

7.māmā lái kàn wǒmen.

8.nǐmen dōu hǎo ma?

9.wǒmen dōu lèi.

10.tāmen mà wǒmen. tāmen bù hǎo.

Translate the above sentences into English.

In the above sentences,change numbers '2' and '3' into the negative form
 and give answers to numbers '4' and '8':

NEW CHARACTERS: 好 (hǎo)   都 (dōu)   们 (mén)

CHARACTER REVIEW: 马 妈 骂 吗 不 看 我 你 他 她 饿 来 累

READING SELECTION:

1.   你好吗？   你们都好吗？

2.   我们好，妈妈好，我们都好。

3.   马好吗？   马好，马不累，马不饿。

4.   他们都好吗？   他们不累吗？

5. 他们都来，他们都来看我。

6. 妈妈来看马吗？ 她不来，她累。

7. 你们都累吗？ 我们都不累。

8. 你们都饿吗？ 我们都饿。

9. 他们都来看马，你来吗？

10. 我们都不来看马，我们都累。

Translate the above sentences into English.

Say the following sentences in Chinese:

1. How are you?   I am fine.

2 Are you tired?   I am tired.

3. Are you hungry?   I am not hungry.

4. We are all hungry. Is(the)mother hungry? Is(the)horse hungry?

5. She is not tired. She is hungry.

6. She is coming to see me.

7. Mother is coming to see us. Are you coming to see us?

8. We are not coming. We are tired.

Write Chinese characters for the following words:

   we   you (pl.)   they   fine   to come

LESSON VII

REVIEW

I. Syllable Review: mā, má, mǎ, mà, bù, kàn, wǒ, nǐ, tā, è, lái, lèi, hǎo, dōu, mén

II. Character Review: 马 妈 骂 吗 不 看 我 你 他 她 饿 来 累 好 都 们

III. Match the following syllables on the left with the Chinese characters on the right:

1. lèi		a.	妈
2. hǎo		b.	他（她）
3. tā		c.	不
4. kàn		d.	都
5. ma		e.	们
6. lái		f.	累
7. mén		g.	饿
8. mā		h.	我
9. è		i.	你
10. mà		j.	马
11. nǐ		k.	看
12. wǒ		l.	吗
13. mǎ		m.	好
14. bù		n.	来
15. dōu		o.	骂

IV. Match the syllables on the left with the English words on the right:

1. hǎo		a.	she, he
2. mā		b.	we
3. kàn		c.	to scold
4. dōu		d.	hungry
5. nǐ		e.	question particle
6. tā		f.	I, me
7. mǎ		g.	horse
8. mén		h.	good; fine
9. wǒ		i.	to be tired
10. è		j.	to see, to look

- 21 -

11. ma	k. they
12. lèi	l. you
13. lái	m. no, not
14. mà	n. particle for plural number
15. bù	o. mother
16. wǒmen	p. all
17. tāmen	q. to come

V. Transcribe the following sentences into Pinyin indicating the correct tones:

1. 我们都好，你们好吗？

2. 妈妈累，马累，我们都累。

3. 你看马，我看马，我们都看马。

4. 我饿，他不饿，妈妈不饿。

5. 你骂马，我骂马，她骂马，我们都骂马。

6. 妈妈来，她们来，你们都来。

7. 我不来，你不来，他们都不来。

8. 你来吗？ 妈妈来吗？ 他们都来吗？

9. 他好吗？ 你好吗？ 妈妈好吗？

10. 你饿吗？ 马饿吗？ 你们都饿吗？

VI. Translate the sentences in exercise V into English.

VII. Change the sentences numbered 2, 3, 5, 6 of exercise V into negative statements.

VIII.

1. Add 'lái' to sentences numbered 3 and 5.

2. Change sentences numbered 4, 5, 6 into questions.

3. Give both positive and negative answers to questions 9 and 10.

4. Underline the adjectives which do not take the verb 'to be'.

New syllables:

an	ba	fu	gen	ji	qi	xi	ye	zhi
ang				jiu	shi			zi
eng								

Vocabulary:

Wáng   Chinese family name (also means 'king')

Zhāng   Chinese family name

xīansheng(*)Mr.;sir;gentleman;teacher;husband

nín(**)   you (polite form)

hǎo   (to be)good;(to be)well;(to be)fine

haoma?   How are you?

hūanyíng   to welcome

Běijing   Peking (the capital of China,'běi' means north,'jīng' means
                     capital,together they mean the north capital)

Wénshān   a first name - It is a combination of two words like most
              Chinese first names. Here 'wén' means literature and 'shān'
              means mountain. The combination of the two characters
              denotes 'a very learned person.'

hǎo-jǐu-bú-jìan I have not seen (object)for a long time(lit. long time
                     no see- Chinese phrase for everyday use)

hěn   very

hén hǎo   very fine

yě   also

fǔshàng   your family (lit. your honorable family and dwelling)

dōu   all

tāmen   they

xìexie   thanks

fùqin   father

jīntian   today (tīan - day)

máng   (to be)busy

néng   able to (bù néng - unable to)

tàitai   Mrs.;lady;wife (tài - used singly means 'extremely')

gēn   with; and

(*)   In English we say 'Mr. Zhāng'. In Chinese we put the surname first.
   We say, Zhāng xīansheng (Zhāng Mr.) The same applies to Mrs.,Miss,
   and all titles. In China today, people are not addressed as Mr. or Mrs.

but as 'comrade'(tóngzhì)regardless of sex, and is also put after
the surname.   In China today, women who marry do not take on their
husbands' names.

(**)   There are two forms of address in the Mandarin dialect which
distinguish between the polite and familiar, 'nín' for polite form and
'nǐ' for familiar, similar to the German 'Sie, du' and the French 'Vous,
tu'.

háizi	child(Pl.-háizimén, but not to be used after 'verb-to-have' and number)
xìanzai	now
zǒu	to leave; to walk
ba	(sentence suffix to imply probability or to make the statement casual as opposed to a certainty.)

CONVERSATION:

Wáng Wénshan is waiting at the train station for his father's
friend to arrive from Shànghai.   The train pulled into the station,
Mr. Zhāng stepped down.

Wáng: Zhāng xīansheng, nín hǎoma?   Mr. Zhāng, how are you?
      hūanying nín lái Běijing.   Welcome(you)to Peking.
Zhāng:ou, Wénshan, hǎojiubújianle.   Oh, Wénshan, long time no see.
      wó hénhǎo, nǐ yé hǎoma?   I'm fine. How about you?(lit. Are you
      fǔshang dōu hǎoma?   also fine?) How's the whole family?
Wáng: tāmen dōu hǎo, xìexie.   They are all fine. Thanks.
      fùqin jīntian hén máng.   Father is very busy today.
      tā bùneng lái.   He is not able to come.
      Zhāng tàitai gēn háizimen   How are Mrs. Zhāng and the children?
      dōu hǎoma?
Zhāng:tāmen yě dōu hǎo. xìexie.   They are all fine too. Thanks.
Wáng: hǎo, xìanzai wǒmen zǒuba.   Good, now let's go.

PATTERN DRILL:
    wǒ gen tā (I and he)or(I and she)
                      nǐ gēn wǒ   (you and I)
                      wǒmen gēn tāmen (we and they)
                      fùqin gēn háizi (father and child)
                   xīansheng gēn tàitai (husband and wife)
            Zhāng xīansheng gēn Wénshan (Mr. Zhāng and Wénshan)
    gēn wǒ lái (come with me)
                      gēn tā zǒu   (go with him)

```
            gen Wénshan lái        (Come with Wénshan)
         gen Zhāng xiānsheng zǒuba(Go with Mr. Zhāng)
           wǒ gen Wáng tàitai zǒu(I go with Mrs. Wáng)
         jīntian háizimen dōu gen Wáng tàitai zǒu.
            (Today,all the children go with Mrs. Wáng)
zǒuba (let's go)

                        wǒmen zǒuba(Let's go)
                     nǐmen yé zǒuba(You also go)
              jīntian tāmen dōu zǒuba(Do they all leave today?)
                Jīntian Wénshan láiba(Is Wénshan coming today?)
xìexie nǐ(thank you)

                     wǒ xìexie nǐ(I thank you)
                  nǐ xìexie tāmen(You thank them)
        Zhāng xiānsheng xìexie Wénshan(Mr. Zhāng thanks Wénshan)
hěn máng (very busy)

                     wó hěn máng(I'm very busy)
                    tā hěn lèi(He is very tired)
                 Wénshan hěn è(Wénshan is very hungry)
add:dōu(all)      wǒmen dōu hěn è(We are all very hungry)
add:bù (not)    tāmen dōu bù hěn lèi(They all are not tired)
néng lái (able to come)

                     wǒ néng lái(I am able to come.)
                  tā yě néng lái(He also is able to come)
                  nǐ bù néng lái(You are not able to come)
```

RHYTHM DRILL(see Appendix)

EXERCISES:

I. Translate the conversation line by line without referring to the
   English translation.

II.Without referring to the Pinyin,repeat the conversation in Chinese
   with the help of the English translation.

III. Two students to recite the conversation in front of the class.

IV. Translate the following Chinese sentences into English:

   1. Wáng tàitai,nǐ hǎoma? fǔshang dōu hǎoma?

   2. hǎo jiubujìanle. nǐ hǎoma?

   3. fùqin jīntian hen máng,tā bùneng lái.

   4. xìanzai,wǒmen dōu zǒuba.

   5.Wáng tàitai gen wáng xiānsheng dōu hén hǎo.

6. jīntian háizimen bùneng gen Zhāng tàitai zǒu.

7. xìanzai wǒ bùneng lái, wó hěn máng.

8. wǒ xìexie nǐ, nǐ xìexie tā, wǒmen dōu xìexie māma.

9. wǒmen dōu huānying Zhāng xiānsheng lái Běijing.

10. nǐmen dōu néng gēn wǒ lái ma?

V. Translate the following English sentences into Chinese:

1. Mr. Wáng is fine, Mrs. Wáng is also fine.

2. I am busy today, you are also busy today.

3. I haven't seen you for a long time. How are you?

4. How is your family?

5. (You) come! You all come! You all come today!

6. (You) come. You all come. You all come today. (a request in casual

manner)

7. I am not able to come. Thank you.

8. Let's go now.

9. Today I am busy. I'm not able to go with you.

10. We all welcome Mr. Zhāng and Mrs. Zhāng.

NOTES ON GRAMMAR:

The negative particle 'bù' always precedes the verb. However, when it is used together with the words 'hěn' or 'dōu', 'bù' is placed sometimes before 'hěn' or 'dōu', depending on the sense of the sentence.

For example: tā bù hěn máng   (He is not very busy)

tā hěn bù máng   (He is not busy at all)

wǒmen dōu bù lái (All of us are not coming)

wǒmen bù dōu lái (Not all of us are coming)

Auxiliary Verbs: An auxiliary verb precedes the main verb. If the context makes the meaning clear, the main verb is often omitted.

For example: nǐ néng lái ma?   (Are you able to come?)

wǒ néng (lái).   (I am able to)

Suffix 'ba'   If 'ba' is added at the end of a sentence, it becomes an invitation. Its tone becomes casual as opposed to a command.

For example: lái!   (Come!)

láiba. (Please come. or You may come.)

Sometimes 'ba' is used at the end of a sentence instead of the question particle 'ma' to imply a probability or presumption.

For example: jīntian nǐ néng lái ma? (Are you able to come today?)

jīntian nǐ néng lái ba? (You are able to come today.

Is that right?)

The Third Tone: When a word in the third tone is followed by
another word in the third tone or by a series of words in the same
tone,only the last one is pronounced in the third tone while the others
are pronounced in the second tone.

For example: The sentence 'wó yé hén hǎo' (I am also very fine) consists
of four words which are all in the third tone:

wǒ (I)
yě (also)
hěn(very)
hǎo(fine)

Each of the above words when standing alone is in the
third tone but together they are all pronounced in the second tone except
for the last word'hǎo'.

NEW CHARACTERS:

您	(nín)	you (polite form)
先生	(xīansheng)	Mr. gentleman;teacher;husband;sir
太太	(tàitai)	Mrs.;lady;wife 太 - used singly means 'extremely'
很	(hěn)	very
久	(jǐu)	long time
见	(jìan)	to see,to look at
看见	(kàn jìan)	to have seen
好久不见	(háo-jǐu-bú-jìan)	Ihaven't seen (object) for a long time.
了	(le)	(verbal suffix,to indicate completed action)
忙	(máng)	(to be)busy
也	(yě)	also
今天	(jīntīan)	today

READING SELECTION:

1. 先生，您好吗？

2. 好久不见了，您好吗？

3. 太太，您忙吗？

4. 今天我不忙，你忙吗？

5. 今天他也不忙。

- 27 -

6. 我们都不忙，妈妈也不忙。

7. 今天我看见了他。

8. 你看见了马吗？

9. 我很好，很忙，你也忙吗？

10. 她很忙也很累。

11. 妈妈来了，我看见妈妈了。

12. 我太累，我不来了。

13. 今天她不来了吗？

14. 今天他不来了。

15. 我很饿，也很累。

16. 我们都不饿也不累。

17. 你不太饿，也不太累。

18. 他不太忙吗？

19. 她来了，我看见她了。

20. 我们好久不见了。

21. 先生饿，太太不饿。

22. 先生太太都很忙也都很累。

EXERCISES:

1. Transcribe the above sentences into Pīnyin indicating the tones.
2. Translate the above sentences into English.

New syllables:

ci	gu	hu	ong	ri	si	ui	xing
	gui		ou		shi	yu	xie
							xiu

Vocabulary:

Běijing Fàndian	Peking Hotel, Peking restaurant
fàn	cooked rice;food;meal
dìan	store, shop

(In China, hotels are sometimes called restaurants especially when
the restaurant within the hotel is well known)

fúwùtái	the service desk
tái	counter, desk
fúwùyúan	service person
yúan	clerk;agent
gùixing? (or Nín guixing?)	Your surname, Sir? (lit. What is 'your honor-able surname?')
gùi	honorable; expensive
xìng	surname
nǎrde rén?	home town? (native of where?)
nǎrde(*)	of where
rén	person
cóng	from (must be followed by a place and a verb: 'lái-come';'qù-go';'zǒu-leave'or others)
Zhōnghǎi	a given name of a person meaning 'middle sea'
zhōng	middle
hǎi	sea, ocean
yǒu	to have;there is (are)
méi you	have not ('méi'negates only the verb'to have' as 'bù' negates other verbs)
jìao	is called(refers to one's first name);to call
wǒde	my, mine

(*) 'de' is added to 'wǒ','nǐ','tā','wǒmen','nǐmen','tāmen' and all
personal pronouns or nouns including 'here','there','where','who'
to indicate the possessive case. It has the function of the appostrophe
in English.

fángjīan	room

qǐng	please; to invite; to ask (someone to do something.)
děngyideng	wait a moment
děng	to wait
kànkan (or kànyikan)	to take a look
shì	be (am, is, are)
bú shì	not to be(example: 'wǒ shi rén, bú shi mǎ'- I am a human being, not a horse.)
sì	four
líng	zero
yī	one
zhè (or zhèi)	this (a specifier)
zhè shi	this is
yàoshi	key
xíngli	luggage
bǎ	(a verb particle which helps the main verb to do its action, not to be confused with the sentence suffix 'ba' at the end of a statement)
ná dào	to take to (ná - to take)
dào	to arrive; to (as a preposition)
dēngjì	to register
hùzhào	passport
shēnfēnzhèng	I. D.(identification)
wàiguó	foreign country
wài	outside, exterior
guó	country, nation
Zhōngguó	China, the middle country
qù	to go(to a place)
xiuxi	to rest

CONVERSATION:

Zhāng xiansheng and Wáng Wénshān took a taxi from the train station and arrived at the Peking hotel. At the desk (fúwùtái) the clerk (fúwùyúan) asks Mr. Zhāng:

fúwùyúan: xiansheng, nín hǎo, nín gùixing? nǎrde rén? cóng nǎr lái?

Sir, how are you? What's your last name? Home town? Where from?

Zhāng: wǒ xìng Zhāng, jìao Zhōnghǎi. jīntian cóng Shànghǎi lái. Yǒu wǒde fángjian ba.

My surname is Zhāng, first name is Zhōnghai. Today I came from Shànghai. You have a room for me, I presume?

fúwùyuán: ou, Zhāng xiānsheng, qǐng děngyideng,
wǒ kànkan. ou, yǒu. Zhāng Zhōnghǎi xiān-
sheng, nínde fángjian shi sìlingyī. zhèshi
nínde yàoshi.

Oh, Mr. Zhāng, please wait
a moment. Let me see. Oh,
we have. Mr. Zhāng Zhōng-
hǎi, your room is 401. This
is your key.

Zhāng: xièxie. zhèshi wǒde xíngli.

Thanks. This is my lug-
gage.

fúwùyuán: (to the boys) qǐng bǎ Zhāng xiān-
shengde xíngli nádao sìlingyī. Zhāng xiān-
sheng, qǐng nín dēngjì. nín yǒu hùzhào gen
shēnfenzhèng ma?

Please take Mr. Zhāng's
luggage to 401. Mr. Zhāng,
please register. Do you have
a passport and an I. D.?

Zhāng: wǒ búshi cóng wàiguo lái, méiyou hù-
zhào. zhèshi wǒde shēnfenzhèng.

I didn't come from abroad.
I don't have a passport.
This is my I.D.

fúwùyuán: hǎo, xièxie nín. xiànzai qǐng nín
qù xiūxi ba.

Fine, thank you. Now please
go and rest.

PATTERN DRILL:
cóng nǎr lái? (Where do you come from?)

cóng Běijing lái	(from Peking. lit. from Peking come)
cóng Shànghai lái	(from Shanghai)
cóng wàiguo lái	(from abroad)

nǎrde rén? (a native of where?)

Běijing rén	(native of Peking)
Shànghai rén	(native of Shanghai)
Hōngkong rén	(native of Hongkong)
Zhōngguo rén	(native of China)

wǒde fángjian (my room)

nǐde xíngli	(your luggage)
tāde yàoshi	(nis key)
māmade háizi	(mother's children)
fùqinde mǎ	(father's horse)
Wénshānde hùzhào	(Wénshān's passport)
Zhāng xiānshengde shēnfenzhèng	(Mr. Zhāng's I.D.)

wǒ xìng Zhāng (my surname is Zhāng)

wǒ xìng Wáng	(my surname is Wáng)
wǒ māma xìng Mǎ	(my mother's surname is Mǎ-- a surname, same character as 'horse')

ní yě xìng Wáng ma? (Is your surname also Wáng?)

wǒ bú xìng Wáng,wǒ xìng Zhāng.(My surname
is not Wáng,my surname is
Zhāng.)

wǒ jìao Zhōnghǎi (my first name is Zhōnghǎi,or I call myself Zhōnghǎi)

wǒ jìao Wénshān,xìng Wáng (My first name is Wénshān,
my surname is Wáng)

nǐ jìao Zhōnghǎi ma?(Is your first name Zhōnghǎi?)

děngyideng (wait a moment)
　　or
děngdeng

qíng nǐ děngyideng.(Please wait a moment.)

qíng nǐ kànyikan. (Please take a look.)

qíng nǐ kànkan wǒde mǎ.(Please take a look at
my horse.)

qíng nǐ gēn wó zǒuyizou (Please take a walk with me.)

zhèshi (this is)
　　or
zhèishi

zhèshi wǒde fángjian. (This is my room.)

zhèshi Wénshande hùzhào.(This is Wénshan's passport.)

zhèshi Zhōnghǎide mǎ ma?(Is this Zhōnghǎi's horse?)

zhè bushi wǒde shēnfenzhèng.(This is not my I.D.)*

(*)The negative particle 'bù' must be attached to the verb
'to be' and must precede the verb 'to be'.

bǎ xíngli nádao fāngjian (take the luggage to the room)

'bǎ' is a verb particle which clarifies a sentence by clearly
identifying the direct object. 'bǎ' is used only with a transitive
verb. The direct object is placed between 'bǎ' and the main verb.

bǎ hùzhào nádao fúwùtái (Take the passport to the
service desk.)

fúwùyúan bǎ shēnfenzhèng nádao Zhōnghǎide fángjian.

(The'service person'takes the I.D. to Zhōnghǎi's room.)

qíng nǐ lái (Please come.)

qíng nǐ qù dēngjì (Please go to register)

qíng tā zǒu (Please ask him to leave)

qíng nǐ kàn wǒde xíngli(Please look at my luggage)

qíng Zhāng xīansheng xīuxi(Please ask Mr. Zhāng to
rest)

RHYTHM DRILL(see Appendix)

EXERCISES:

I. Translate the conversation line by line without referring to the English translation.

II. Without referring to the Pinyin, repeat the conversation in Chinese with the help of the English translation.

III. Two students to recite the entire conversation in front of the class.

IV. Translate the following sentences into English:

    1. wǒ jiào Wáng Wénshan, xìng Wáng, jiào Wénshan.

    2. jīntian Zhōnghǎi cóng Shànghai lái.

    3. wǒ fùqin jīntian hěn máng, tā bù néng lái.

    4. nǐ cóng wàigúo lái ma?

    5. Zhōnghǎi búshi cóng wàigúo lái, tā méiyou hùzhào.

    6. Wáng tàitai shi Wénshānde māma.

    7. nǐmen yǒu wǒde fángjian ma?

    8. Běijing fàndian méiyou Zhāng Zhōnghǎide fángjian.

    9. Zhōnghǎi qù tāde fángjian xiūxi.

    10. fúwùyúan bǎ xíngli nádao sìlíngyī fángjian.

    11. Wénshān méiyou Zhāng xiānshengde yàoshi.

    12. Zhāng xiānshengde fángjian bù hǎo.

V. Translate the following sentences into Chinese:

    1. Sir, what is your last name, please?

    2. My last name is Wáng; my first name is Wénshān.

    3. Where is your home town?

    4. Do you have a room for me?　　Yes. Your room is 104.

    5. Is this my key? Please take my luggage to my room.

    6. We don't have your room. We have Zhāng Zhōnghǎi's room.

    7. Is this gentleman your father? Welcome, welcome.

    8. Zhōnghǎi and I haven't seen each other for a long time.

    9. Do you have(a)passport? No, I don't have(a)passport. I have(an)I.D.

    10. Have you any luggage? Yes. this is my luggage.

    11. I came from abroad. This is my passport.

    12. Sir, please come to register.

    13. Where did you come from? I am from Peking.

    14. Thank you sir, you may go and rest.

    15. Wénshan is waiting for Mr. Zhāng to go to his room.

NEW CHARACTERS:

    中　(zhōng)　　　middle

    海　(hǎi)　　　sea, ocean

文	(wén)	literature
山	(shān)	mountain
人	(rén)	man(person)
上	(shàng)	to ascend
叫	(jìao)	to call(someone); to call(an object a certain name)
王	(Wáng)	a Chinese surname; king
请	(qǐng)	please, to invite
北	(běi)	north
京	(jīng)	the capital of a country
北京	(Běijīng)	Peking
吧	(ba)	(sentence suffix)

READING SELECTION:

1. 中海来了，文山也来了，他们好久不见了。

2. 王太太，王先生都来北京了，他们都好。

3. 北京很好，我们都来北京，你们也来北京吧。

4. 王先生不来北京吗?

5. 王先生不来北京，他很忙，也很累，他太太来北京，她不忙也不累。

6. 上海也很好，你们也来上海吗?

7. 我们也来上海，妈妈不来，她太忙了。

8. 请你来看看妈妈，你今天来看她，好吗?

9. 妈妈累，她骂我也骂你，不骂她。

10. 文山不来看我，我骂他，你叫他来吧。

11. 今天文山不来，他太忙，也太累，你不骂他吧。

12. 今天我们都不来，你骂我们吗?

13. 我请你们来，你们都不来。

14. 王先生叫王太太也来。

EXERCISES:

1. Transcribe the above sentences into Pīnyin indicating the tones.

2. Translate the above sentences into English.

PEKING RAILWAY STATION

THE PEKING HOTEL

PLAZA OF THE GATE OF THE HEAVENLY PEACE
AND THE MUSEUM OF HISTORY

THE GREAT HALL OF THE PEOPLE

New syllables:

che	dui	jia	ke	yu	zhan
chi		jie			zhen
chu					zuo

Vocabulary:

Jīashēng	a first name
jīa	home
shēng	to be born
ne	question particle
zài	be at
chúfáng	kitchen
yùbei	to prepare
wǎnfàn	dinner, the evening meal
wǎn	late
jìu	immediately, right away; then; only
zùo	to sit
qǐng zùo	Please sit down
chē	vehicle
zhàn	station; stand(of fruit or vegetable etc.)
chē zhàn	train (or bus) station
jīe	to fetch(someone); to catch(a ball); to meet someone at the station
zhēn	really, truly
dùibuqǐ	sorry
búyàokèqi	don't stand on ceremony; don't mention it
kèqi	hospitable, polite
búkèqi	not polite, rude
yào	to want
zhīdao	to know
bù zhīdao	don't know
qùle	went (suffix 'le' indicates finished action)
bāng máng	to help (The person being helped is put in be-tween these two words.)
dūo	much, many
wènhǎo	to send regards
wèn	to ask
hǎole	finished, ready
chī	to eat

- 35 -

CONVERSATION:

   After Mr. Zhāng registered at the hotel, Wénshān took him to his
house for dinner.

Wáng Jiashēng: où, Zhōnghǎi, háo jiubujìanle!   Oh, Zhōnghai, long time no see!
    ní hǎo? huānying ní lái Běijing.   How are you? Welcome(you)to
    huānying ní lái Běijing.   Peking. Welcome(you)to Peking.

Wénshān: huānying nín lái wǒmen jīa.   Welcome(you)to our home.

Zhōnghǎi: xìexie nǐmen qǐng wǒ lái fǔshang.   Thank you for inviting me(to
    fǔshang dōu hǎo ma? Wáng tàitai ne?   come)to your house. How is
    tā zài nǎr?   everyone?(Where is)Mrs. Wáng?
                  Where is she?

Jiashēng: tā zài chúfang yùbei wǎnfan ne.   She is in the kitchen preparing
    tā jìu lái. qǐng zùo. qǐng zùo.   dinner.She is coming right away.
                  Please sit down. Please sit down.

Zhōnghǎi: ní hěn máng ba?   You must be very busy.

Jiashēng: hěn máng. Jīntian wǒ méiyou qù   (I am)very busy. Today I didn't
    chēzhan jīe nǐ. zhēn dùibuqǐ.   go to the station to meet you.
                  Really sorry.

Zhōnghǎi: búyaokèqi, búyaokèqi. wǒ zhīdao   Don't mention it,don't mention
    nǐ máng. Wénshān qùle, tā bāngle wǒ   it. I know you are busy. Wén-
    hěn dūo máng.   shān went. He helped me a lot.

Wáng tàitai: Zhāng xīansheng,nín hǎo?   Mr. Zhāng,how are you? How is
    fǔshang dōu hǎo ma? Zhāng tàitai   the family? Mrs. Zhāng didn't
    méiyou lái ma?   come?

Zhōnghǎi: nín hǎo? Wáng tàitai. wǒ tàitai   How are you? Mrs. Wáng. My wife
    hěn máng, tā bùneng lái. tā wèn nín   is very busy. She can't come.
    hǎo.   She sends regards.

Wáng tàitai: fàn hǎole. xìanzai,qǐng   Dinner is ready. Now,please
    lái chī fàn ba.   come and eat.

Zhōnghǎi: hǎo, xìexie nín.   Fine. Thank you.

PATTERN DRILL:

Wáng tàitai ne? (Where is Mrs. Wáng? particle 'ne' as 'where')

        Wénshān ne?   (Where is Wénshān?)
        māma ne?   (Where is mother?)
        mǎ ne?   (Where is the horse?)
        wǒde yàoshi ne? (Where is my key?)
        nǐde hùzhào ne? (Where is your passport?)

Wáng tàitai yùbei wǎnfan ne. (Mrs. Wáng is preparing dinner. The combination
of verb, direct object and 'ne' indicates
continous action.)

tā chī fàn ne. (He is eating.)

Wénshān bāng wǒ máng ne. (Wénshān is helping me.)

māma mà tā ne. (Mother is scolding him.)

zài chúfang (in the kitchen)

māma zài chúfáng.   (Mother is in the kitchen.)

wǒ zài jiā.   (I am at home.)

Zhāng xiānsheng bú zài Běijing. (Mr. Zhāng is not
in Peking.)

Wénshan bú zài tāde fángjian. (Wénshan is not in
his room.)

Jiashēng zài nǎr?   (Where is Jiashēng?)

tā jìu lái. (She comes right away.)

wǒmen jìu zǒu.   (We leave right away.)

wǒ fùqin jìu lái.   (My father comes right away.)

wǒmen jìu chī wǎnfan le. (We eat dinner right away.)

Zhāng xiānsheng jìu lái dēngji. (Mr. Zhāng is coming to re-
gister right away.)

búyàokèqi (Don't stand on ceremony; don't mention it)

Wáng tàitai hěn kèqi. (Mrs. Wáng is very hospitable.)

qǐng nǐ búyaokèqi. (Please don't stand on ceremony.
lit. Please don't be so polite.)

jīntian fúwùyúan bú kèqi. (Today the 'service person'
is not polite.)

bāng wǒ máng (help me)

nǐ bāng Wénshān máng. (You help Wénshān.)

wǒmen dōu bāng Zhōnghǎi máng. (We all help Zhōnghǎi.)

māma bāng háizimen máng. (Mother helps the children.)

wǒ búyào bāng tā máng. (I don't want to help him.)

wèn... hǎo (send regards, lit. to ask if someone is well)

Wáng tàitai wèn Zhāng tàitai hǎo. (Mrs. Wáng sends
regards to Mrs. Zhāng.)

qǐng nǐ wèn nǐde māma hǎo. (Please give my regards to
your mother.)

wǒmen dōu wèn Wénshan hǎo. (We all send regards to
Wénshan.)

RHYTHM DRILL (see Appendix)

EXERCISES:

I. Read the conversation and translate it into English without **referring** to the English translation.

II. Without referring to the Pīnyin, repeat the conversation in Chinese with the help of the English translation.

III. Two students to recite the entire conversation in front of the class.

IV. Translate the following sentences into English:

1. wáng tàitai jīntian qǐng wǒmen chīfan, tā zhēn kèqi.
2. wáng Jiashēng qǐng Zhōnghǎi zuò.
3. wáng Jiashēng méiyou qù chēzhàn jiē Zhōnghǎi.
4. Zhōnghǎi gēn Jiashēng hǎojiubujiànle.
5. Wénshān bú zài chúfang yùbei wǎnfan. tā zài tāde fángjian.
6. wáng tàitai qǐng wǒ zuò. wǒ bú yào zuò, wǒ bú lèi.
7. Wénshān zhēn hǎo, tā bāngle wó hěn dūo máng.
8. Zhōnghǎi dào wáng jiā qù chī wǎnfan.
9. nǐ zhīdao wáng tàitai zài nǎr ma?
10. fàn hǎole, nǐmen dōu lái chī fàn ba.

V. Translate the following sentences into Chinese:

1. Today he invites me to eat dinner at his home.
2. Mrs. wáng, please don't stand on ceremony.
3. Please ask him to help you.
4. Wénshan went to meet Mr. Zhāng; he helped Mr. Zhāng a great deal.
5. My father has not gone to the station to meet him.
6. Welcome to my house. Please sit down.
7. Mr. wáng welcomes me to his house.
8. Where is Wénshān? Is he in the kitchen helping his mother prepare dinner?
9. Mrs. wáng is preparing dinner in the kitchen (at this moment).
10. Mrs. Zhāng is very busy; she **cannot come.**
11. How is your family? Please give them my regards.
12. Please ask (invite) him to come to eat dinner. Dinner is ready.
13. I am coming; please wait for me.
14. He doesn't want to eat dinner. He is not hungry; he is resting.
15. I am really sorry, I am not able to come. Thank you for inviting me.

NEW CHARACTERS:

家 （jīa）　　　　home

坐 （zuò）　　　　to sit

车 （chē）　　　　vehicle

吃 （chī）　　　　to eat

贵 （guì）　　　　honorable; expensive

姓 （xìng）　　　surname

张 （Zhāng）　　　a surname

有 （yǒu）　　　　to have

没有 （méi you）　have not

在 （zài）　　　　be at

去 （qù）　　　　to go

饭 （fàn）　　　　cooked rice, food, meal

问 （wèn）　　　　to ask, to inquire

READING SELECTION:

1. 太太您贵姓？您去北京吗？

2. 我不去北京，我先生去北京，我去上海。

3. 王先生请张先生吃饭，张先生来王家吃饭。

4. 文山家在北京，张先生家在上海，文山请张先生来北京。　张先生来了，张太太没有来，她在上海，她在家，她很忙。

5. 文山今天没有吃饭，他不饿。

6. 妈妈今天很忙，很累，她不饿，她也不吃饭。

7. 张先生问文山他吃饭不吃饭，文山不吃，他不饿。

8. 王先生去张家看张先生，张太太。

9. 文山今天不在家吃饭。

10. 王先生，王太太都在家吃饭。

11. 王太太叫文山来吃饭。

12. 王先生请张先生吃饭。

13. 他们叫文山去请张先生吃饭。

14. 张先生问饭好了吗?

15. 王太太很累，她不吃饭。

EXERCISES：

1. Translate the above sentences into English.
2. Transcribe the above sentences in Pīnyin.

New syllables:

can	dian	guan	hui	ji	kuai	zao
chang	diar	guang				zher
		gong				

Vocabulary:

wài!	hello!
shéiya?	who is it?
shéi	who
qī	seven
dianzhong	o'clock,measure of time(for hour);'zhōng'means'clock'
qǐlai	to get up
qǐng wèn	may I ask
cānguan	to tour,to visit a place
Tīananmen gúangchǎng	The Plaza of the Gate of the Heavenly Peace
Tīananmen	the Gate of the Heavenly Peace
gúangchǎng	plaza,square
Rénmin Dàhuitáng	The Great Hall of the People
rénmín	people
dà	big,large
táng	hall
jǐ	few (in a statement);how much or how many(in a question)
chūfa	to start a journey,to take leave
gōnggòng qìchē	bus (lit. the public automobile)
gōnggòng	public
qìchē	automobile
bā	eight
bā dǐanzhōng	eight o'clock
zhèr	here
kùai	quick
dǐar or yìdǐar	a little bit
kùai yìdǐar	a little faster;quickly
zǎofàn	breakfast
zǎo	early,Good morning!(zǎoshàng – in the morning)
numbers one to ten:	yī,èr(*),sān,sì,wǔ,lìu,qī,bā,jǐu,shí

(*)'èr' is used in counting while 'lǐang' is used with a measure-word

  meaning 'a couple of'.

CONVERSATION:

    Early in the morning Mr. Zhāng is sleeping; the telephone rings.

Zhāng: wài, shéiya?
                                             Hello, who is it?

fúwùyúan: wǒ shi fúwùtái. xìanzai
   qī dǐanzhong le.
                                            This is the service desk. Now it is seven o'clock.

Zhāng: wǒ zhīdao le. wǒ qǐlaile.
   xìexie nín. qǐng wèn, jīntian dào
   nǎr qu cānguan?
                                            I know. I got up already. Thank you. May I ask, where are we going to visit today?

fúwùyúan: qù Tīananmén gúangchǎng
   gen Rénmin Dàhuitáng.
                                            We'll go to the Plaza of the Gate of the Heavenly Peace and to the Great Hall of the People.

Zhāng: jǐ dǐanzhong chūfa?
                                            What time do we leave?

fúwùyúan: wǒ bù zhīdao. où, qǐng
   nín děngyideng, wǒ wènyiwen. --
   gōnggòng qìche bā dǐanzhōng cóng
   zhèr chūfa. nín chīle zǎofan le ma?
                                            I don't know. Oh, please wait a moment, let me ask (someone). -- The bus leaves from here at eight o'clock. Have you had breakfast yet?

Zhāng: méiyou. wǒ xìanzai jìu qu chī.
                                            I have not. I am going to eat now.

fúwùyúan: nín kùai yìdǐar qu chī ba.
                                            Please hurry and go eat.

Zhāng: hǎo, xìexie nín.
                                            Fine. Thank you.

PATTERN DRILL:

dǐanzhōng (o'clock)

yī dǐanzhong	(one o'clock)
líang dǐanzhong	(two o'clock)
sān dǐanzhong	(three o'clock)
wú dǐanzhong	(five o'clock)
shí dǐanzhong	(ten o'clock)
jǐ dǐanzhong	(What time is it? lit. What o'clock?)

dào.....qù (go to 'place')

dào Běijīng qù	(go to Peking)
dào Shanghǎi qù	(go to Shanghai)
dào Wángjīa qù	(go to Wáng's house)
dào chēzhàn qù	(go to the station)
dào nǎr qù	(go where?)

cóng.....chūfa (leave from)

cóng Běijīng chūfa	(leave from Peking)
cóng zhèr chūfa	(leave from here)
cóng Wángjīa chūfa dào Tīananmén	(leave from Wáng's house to the Gate of the Heavenly Peace)

kuaiyìdǐar (a little faster,quickly)

        kuaidiar qù (go quickly)

        kuaidiar chī (eat quickly)

        kuaidiar zǒu (walk quickly)

        kuaidiar lái (come quickly)

        kuaidiar qǐlai(get up quickly)

chīfàn (to eat a meal)

       qǐng lái chīfan(Please come and eat)

     Wáng tàitai qǐng wǒ chīfan.(Mrs. Wáng invites me to

              dinner.)

chī....fàn   chī zǎo fàn (eat breakfast)

       chī wǎn fàn (eat dinner)

      chī zhōngguo fàn (eat Chinese food)

      chī waìguo fàn (eat foreign food)

      chī zhōng fàn (eat lunch,lit.eat mid-meal)

RHYTHM DRILL(see Appendix)

EXERCISES:

I. Translate the conversation line by line without referring to the
 English translation.

II.Without referring to the Pinyin,repeat the conversation in Chinese
 with the help of the English translation.

III. Two students to recite the entire conversation in front of the class.

IV. Translate the following sentences into English:

 1. jīntian wǒmen dào nǎr qu cānguan?

 2. nǐ jǐ diǎnzhong qǐlai?

 3. wài,shéiya? bā diǎnzhong le,qǐlai ba.

 4. wǒmen qī diǎnzhong chī wǎnfan,nǐmen ne?

 5.māma jīntian bù hén hǎo,tā méiyou qǐlai.

 6. gōnggong qìche bā diǎnzhong cóng zhèr chūfa dào Rénmin Dàhuitang qù.

 7. jīntian nǐmen dào Tīananmén gúangchǎng qu cānguan ma?

 8.qǐng wen,nǐ shi fúwutái ma? wǒ shi Zhāng Zhōnghǎi. xìanzai jǐ diǎn-
  zhong?

 9. fàn hǎole. qǐng nǐ kuaidiar qu chī fàn.

 10. Wáng tàitai qǐng wǒmen qu tāde jīa chī zhōngfan,búshi chī wǎnfan.

 11. wǒ bù zhīdao xìanzai jǐ diǎnzhong,nǐ zhīdao ma?

 12. Zhāng Zhōnghai qī diǎnzhong méiyou qǐlai,tā yě méiyou qu cānguan.

V. Translate the following sentences into Chinese:
   1. Hello, is that Wénshān? (are you Wénshān?) Are you able to come to
      my house today?
   2. Today I got up at six o'clock, I ate breakfast at seven o'clock.
   3. Wénshān doesn't want to eat breakfast; he isn't hungry.
   4. What time do you eat lunch?
   5. The Wángs (Wáng's house) eat dinner at seven. How about you(Pl.)?
   6. Please call him to get up; it's already nine o'clock.
   7. I want to know at what time the bus leaves for the Plaza of the
      Gate of the Heavenly Peace?
   8. It's already one o'clock. Let's go and eat lunch.
   9. Mr. Zhāng asks the service desk what time it is.
  10. The 'service person' does not know what time the bus leaves.
  11. Today Mrs. Wáng is inviting us for lunch at one o'clock. Are you
      going?
  12. Quickly go to eat breakfast.

NOTES ON GRAMMAR:
numbers and measures

numbers	1 to 10	yī, èr (liǎng), sān, sì wǔ, liù, qī, bā, jiǔ, shí
	10 to 19	shí-yī (ten-one) eleven
		shí-èr (ten-two) twelve
		shí-sān (ten-three) thirteen
		shí-sì (ten-four) fourteen etc.
		shí-jiǔ (ten-nine) nineteen
	20, 30, 40 etc.	èr-shí (two-tens) twenty
		sān-shí (three-tens) thirty
		sì-shí (four-tens) forty etc.
	21, 31, 41 etc.	èr-shi-yī (two-tens one) twenty one
		sān-shi-yī (three-tens one) thirty one
		sì-shi-yī (four-tens one) forty one
		wǔ-shi-jiǔ (five-tens nine) fifty nine
		jiǔ-shi-jiǔ (nine-tens nine) ninety nine
	100	yì bǎi
	101	yì bǎi líng yī
	102	yì bǎi líng èr
	104	yì bǎi líng sì
	201	èr bǎi líng yī

- 44 -

measures   In English we say:

        one loaf of bread
        two ears of corn
        one sheet of paper
        one head of lettuce
        a herd of sheep

In Chinese every noun has a specific measure. (many
nouns share the same measure). A measure is always used
with a number and it is placed between the number and
the noun, as:

        sì dĭanzhong ('dĭanzhōng' is the measure for
                    the hour,'zhōng' means 'clock')

Measures are never used without numbers. For example:
        wŏ yŏu mă. (I have horses.)
        Wáng tàitai yŏu háizi. (Mrs. Wáng has children.)

Completed action with 'le' and 'méiyŏu'

'le' In a positive statement indicating completed action,add 'le'
    after the verb. For example: Wénshan láile.(Wénshān came.)
                    gōnggong qìche zŏule.(The bus left.)

'méiyŏu' In a negative statement indicating an action that did not
    take place,add 'méiyŏu'before the verb.   For example:
        Wénshān méiyŏu lái.(Wénshān didn't come.)
        gōnggòng qìchē méiyou zŏu. (The bus didn't leave.)

    'le' is for affirmative past action, and 'méiyŏu' is for nega-
tive past action, therefore they may never occur in the same sentence.

NEW CHARACTERS:

谁	(shéi)	who
早	(zăo)	early
汽车	(qì chē)	automobile
公共	(gōng gòng)	public
公共汽车	(gōng gòng qì chē)	bus
要	(yào)	to want
那儿	(nèr)	there
哪儿	(năr)	where

这儿	(zhèr)	here
走	(zǒu)	to walk, to leave
起来	(qǐ lái)	to get up
到	(dào)	to arrive, to

READING SELECTION:

1. 王文山坐公共汽车去北京。

2. 你也坐公共汽车去北京吗？

3. 张先生不坐公共汽车去北京。

4. 文山很累，他不要起来，也不要吃早饭。

5. 你吃中饭了吗？

6. 张先生，您到哪儿去？ 到文山家去吗？

7. 我们都到文山家去？ 你也去吗？ 谁不去？

8. 王太太在家吗？ 她起来了吗？

9. 你坐公共汽车到王家去吃饭，我不要坐车，我走去。

10. 你不饿吗？ 你不要吃中饭吗？

11. 你们都到文山家去看他吗？ 我也去。 我们都坐公共汽车去，好吗？

12. 今天妈妈太累，她不要去王太太家吃饭。

13. 今天谁到这儿来？

14. 文山不到这儿来，我们都到他那儿去。

15. 你今天要到哪儿去？ 我要去王家看文山。

EXERCISES:

1. Translate the above sentences into English.
2. Transcribe the above sentences into Pinyin.

LESSON XII
REVIEW

NOUNS AND NOUN COMBINATIONS:

xiānsheng   tàitai   fùqin   fùshàng   fàndian   fúwutái
fúwuyúan   fángjian   hùzhào   shēnfenzhèng   wàiguó   chēzhàn
jiā   chúfáng   wǎnfàn   zǎofàn   zhōngfàn   gúangchǎng
rénmín   hùitáng   qìchē   gōnggongqìche   yàoshi   xíngli

PROPER NOUNS:

Zhōngguó   Zhāng   Wáng   Zhōnghǎi   Wénshān   Jīashēng
Beǐjing Fàndian   Tīananmén   Rénmindàhuitáng

ADJECTIVES: (take no verb 'to be')
kèqi   dà   máng

VERBS:

zǒu   xìexie   xìng   jìao   yǒu   qǐng   děng   dēngjì   ná
dào   qù   xīuxi   zài   yùbei   zùo   yào   zhīdào   bāng
wèn   qǐlai   shì   cāngūan   chūfā

NUMBERS:

1 to 10	yī	èr	sān	sì	wǔ	lìu	qī	bā	jǐu	shí

10 to 19   shí-yī   shí-èr   shí-sān...........shí-jǐu
20,30,40,..90   èr-shí   sān-shí   sì-shí ....jǐu-shí
21,31,22,32,etc.   èr-shi-yī   sān-shi-yī
                    èr-shi-èr   sān-shi-èr   etc.
100   yì bǎi
101,102,103 etc.   yì-bǎi-ling-yī
                    yì-bǎi-ling-èr
                    yì-bǎi-ling-sān   etc.

EVERYDAY PHRASES :

háo-jiu-bu-jìan   (I)have not seen(you)for a long time (long time
                                                          no see)

fùshang dou hǎo ma?   How is the family?
hūanyíng   Welcome!
gùixìng   Your surname?
kànyikan   Take a look.
děngyideng   Wait a minute.
zùoyizuo   Sit for a while.

zǒuyizou	Take a walk
dùibuqǐ	I am sorry
búyaokèqi	Don't mention it,don't stand on ceremony

EXERCISES:

I. Say the following numbers in Chinese:

17	21	13	33	25	45	77	16	63
15	66	82	91	73	58	24	99	105

II. Say the following expressions in Chinese according to this pattern:

wǒ gen nǐ (I and you)

1. Mrs. Wáng and Mr. Wáng
2. They and their children
3. Wénshān and Mr. Zhāng
4. He and his wife

III. Replace the pattern 'cóng Běijing dao Shànghai' with other nouns or other proper nouns:

1. From Wénshān's home to the Gate of the Heavenly Peace
2. From Mr. Zhāng's room to the train station
3. From the bus station to the Great Hall of the People
4. From China to a foreign country

IV. Add 'lái' or 'qù' to the sentences in exercise III.

V. Substitute the following expressions for 'Wénshān bù lái'.

1. cannot (not able)come
2. did not come
3. does not want to come

VI. Substitute the following verbs for 'lái' in 'Wénshān bu lái':
   (1. xìexie   2. dēngjì   3. xiūxi 4. bāngmáng   5. chīfàn)

VII. Pattern: 'fúwùyúan jìao Zhāng xīansheng qī dǐanzhong qǐlai'
   Substitute another noun for 'fúwùyúan' and another hour for 'qī dǐanzhong'.

VIII. Answer the question 'xìanzai jí dǐanzhong?' with the following time:

8 o'clock,   5 o'clock,   4 o'clock,   1 o'clock,   9 o'clock

VIII. Translate the following sentences into Chinese:

1. This is my passport
2. This is her I.D.

3. This is Mr. Zhāng's room.

4. Is this room mine?　Yes.

VIV. Insert these words: dōu, yě, hěn and negative particles 'bù', 'méi' into the right places of the following sentences:

1. wó hǎo, ní hǎo ma?　(yě)

2. Wáng xiānsheng hǎo, tāde háizimen hǎo. (yě dōu)

3. jīntian Wénshan máng. (bù)

4. xìanzai wó hěn máng. (bù, to indicate 'not busy at all')

5. xìanzai Zhāng xiānsheng hěn máng. (bù, to indicate 'not very busy')

6. Zhāng xiānshengde fángjīan bù hǎo. (hěn, to indicate 'not very good')

7. tāde háizi bùhǎo.　(hěn, to indicate 'very bad')

8. tāmen yǒu Zhāng Zhōnghǎide fángjian. (méi)

9. fúwùyúan jìao Zhāng Zhōnghǎi qǐlai. (Use negative form to indicate 'did not')

10. Wénshān jīntian bù chī zǎofàn. (méi yǒu)

11. gōnggong qìche yī dǐanzhong cóng Tīananmén gúangchǎng chūfa. (didn't)

12. fúwùyúan wèn tā gùixìng. fúwùyúan wèn Wénshan gùixìng. (yě)

13. Zhāng tàitai qǐng Wénshan dào tā jīa chīfàn. (did not)

14. wǒmen xìanzai dào Rénmin Dàhuìtáng qu cānguan. (dōu bù)

15. xìanzai shi sì dǐanzhong. (bú)

X. Ask the following questions in Chinese then give the answers:

1. Are we going to visit the Gate of the Heavenly Peace today?

2. At what time did the man at the service desk wake Mr. Zhāng?

3. Does the Wáng family welcome Zhāng Zhōnghǎi?

4. What time does the bus leave for the Gate of the Heavenly Peace?

5. Where is Mr. Zhāng from?(lit. Mr. Zhāng is a native of where?)

6. Is Mrs. Wáng preparing dinner in the kitchen?

7. Who did not go to the train station to meet Zhōnghǎi?

8. Who helped Mr. Zhāng a great deal?

9. What time do you eat breakfast?

10. Did Wénshān get up late?

11. Did they take Mr. Zhāng's luggage to his room?

12. Whose room is 401?

13. Is Wénshān's last name Zhāng?

14. Is Mr. Zhāng's first name Zhōnghǎi?

15. Did Zhōnghǎi eat his breakfast?

XI. Translate the following sentences into English:

1. Wáng xiānsheng, Wáng tàitai gen Wénshān dōu huānyíng Zhāng Zhōnghǎi lái Běijīng.
2. wǒmen dōu qù Wáng jiā ba.
3. nǐmen qù tā jiā chī fàn ma?
4. Zhōnghǎi cóng Shànghǎi lái Běijīng búshi cóng wàiguo lái.
5. cóng wàiguo lái yào hùzhào, cóng Shànghǎi lái bú yào hùzhào, jiu yào shēnfenzhèng.
6. Zhāng xiānsheng jiu yǒu shēnfenzhèng méiyou hùzhào.
7. qǐng nín dào fúwutái qu dēngjì.
8. Zhōnghǎi dào tāde fángjiān qu xiūxi, tāde fángjian shi sìlíngyī.
9. Wáng jiāshēng tài máng le, tā bùneng dào chēzhàn qu jiē Zhāng Zhōnghǎi.
10. Wáng tàitai zài nǎr yùbei wǎnfàn?
11. Jiāshēng qǐng Zhōnghǎi zuòyizuo.
12. Wáng tàitai wèn Zhāng tàitai hǎo. Zhāng tàitai méiyou lái. tā máng.
13. fàn hǎole. Zhōnghǎi, Jiāshēng gen Wénshān dōu chī fàn le.
14. jīntian māma bù chī fàn, tā bù hěn hǎo.
15. Tiānanmén guǎngchǎng hěn dà, yǒu hěn duō rén zuò gōnggong qìche dào zhèr qù cānguān.
16. Rénmin Dàhuitángde fúwuyuán hěn kèqi.
17. xìanzai tāmen yào cóng Wáng jiā zǒu dào Rénmin Dàhuitáng qù.
18. jīntian nǐ jǐ diǎnzhōng chī zhōngfàn?
19. fúwuyuán jiào Zhōnghǎi qī diǎnzhōng qǐlai.
20. Wénshān qǐlai wǎnle. tā méiyou chī zǎofan.

XII. Tell the following story in Chinese:

    Mr. Zhāng went to the Peking Hotel. He wanted a room. His room was 401. He took the key. The clerk took his luggage to his room. He went to his room to rest. He got up at eight o'clock. He went to eat breakfast. At nine o'clock he and Wénshān went to the Gate of the Heavenly Peace to tour.

CHARACTER REVIEW:

Lessons I to VI: 妈 马 骂 看 不 我 你 他 她 饿 累 来 都 们 吗 好
Lesson VIII: 先生，太，太太，很，久，见，了，忙，您，也，今天
Lesson IX:　　中，海，文山，人，上，叫，王，请，北京，吧
Lesson X:　　　家，坐，车，吃，贵，姓，张，没，有，去，饭，问，在
Lesson XI:　　　谁，早，汽，公共，要，那儿，哪儿，这儿，走，起，到

READ THE FOLLOWING CHARACTER COMBINATIONS:

我累	张太太	妈妈骂马
他来	王先生	我们都好
你看	问她好	你们在哪儿
她吃	中海去	公共汽车
马饿	文山走	谁不起来
问好	没有去	好久不见
在家	不很好	你来吃饭
吃饭	要去哪儿	今天很忙
今天	谁要吃	你们不累
走吧	不要走	吃饭了吗

READ THE FOLLOWING SENTENCES AND TRANSLATE INTO ENGLISH:

1. 今天王太太不在家，请张太太不要来。

2. 张先生问王先生好。　张先生不来吃饭，他太累。

3. 文山问我们今天去哪儿，我们去上海看张太太。

4. 张先生来北京了，张太太没有来，她太忙。

5. 妈妈问我去哪儿，我要去王家吃饭，我坐公共汽车去。

6. 今天王太太请我们去她家吃饭。

7. 我问他贵姓。

8. 妈妈很忙，她不来看你们。

9. 文山不在这儿，他在哪儿?

10. 我问张太太，"马在哪儿? "

11. 妈妈叫我吃饭，我不要吃饭，我不饿，我太累。

12. 王太太今天在家，他请我们都去他家吃饭。　我们都坐公共汽车去王家吃饭，文山
　　不要坐公共汽车，他走去，张先生也不要坐公共汽车，他坐马车去。

New syllables:

bao   cai   dan   ge   he   mian   qian   shen   wei   xiao
bei   cha   xiang

Vocabulary:

wèizi	seat, place
ge	(a measure)
gěi	to give
càidān	menu
cài	vegetable; dishes of food
dān	a list
xiǎng chī	would like to eat
xiǎng	to think
shénmo	what
tāngmiàn	noodle soup
tāng	soup
miàn	noodle
xīfàn	rice soup
xiǎo cài	side dishes
xiǎo	small, little
bāozi	dumpling, stuffed bun
bāo	to wrap up
jīdàn	egg (of chicken)
jī	chicken
wǎn	bowl(measure for rice and soup and other food served in
jīsī	shredded chicken a bowl)
sī	shreds
háiyào	still want to
hái	still (adv.)
hē	to drink
bēi	cup (measure for tea and other beverages served in a
chá	tea cup)
búyàole	not to want any more.
zhàngdān	bill
sān kuài qián	three dollars (lit. three pieces of dollar)
kuài	(measure for dollar)
qián	money
zài jiàn	Good-bye, See (you) again
fàntáng	dining hall

CONVERSATION:

Zhāng: yǒu wèizi ma? | Do you have a place?
*fúwùyuán: zhèr yǒu yīge wèizi. | Here is a place.
Zhāng: qǐng nín gěi wǒ càidān. | Please give me the menu.
fúwùyuán: hǎo, zhèshi wǒmende càidān. | Fine, this is our menu.
Zhāng: xièxie nín. | Thank you.
fúwùyuán: qǐng wèn, nín xiǎng chī | May I ask(you), what would you
    shénmo? | like to eat?
Zhāng: nǐmen yǒu shénmo? | What do you have?
fúwùyuán: yǒu tāngmian, yǒu xīfan gen | (We) have noodle soup. (We) have
   xiǎo cài, bāozi, jīdàn. | rice soup with side dishes; dumplings and eggs.

Zhāng: wǒ yào yì wǎn jīsitāngmian | I want one bowl of chicken noodle
   gen liǎngge bāozi. háiyao hē yì bēi | soup and two dumplings. In addition,
   chá. | one cup of tea.
fúwùyuán: hǎo, háiyao shénmo? | Fine, what else?
Zhāng: búyàole. xièxie. | No more, thanks.

Zhāng: qǐng gěi wǒ zhàngdān. | Please give me the bill.
fúwùyuán: zhèshi nínde zhàngdān. | This is your bill. Thank you. Please
   xièxie nín. qǐng nín zài lái. | come again!
Zhāng: hǎo, zhèshi sān kuài qián. | Fine. Here is three dollars.
fúwùyuán: xièxie nín. zài jiàn. | Thank you. good-bye.
Zhāng: zài jiàn. | Good-bye.

* In China today people who serve are called 'service persons'. They may
be bell boys, sales clerks or waiters. People of all professions are treated
equally. Tipping is not customary any longer.

PATTERN DRILL:

wǒ xiǎng chī (I would like to eat.)   The combination of 'xiǎng' and
  another verb indicates the wish or desire to do something.
              wǒ xiǎng kàn nǐde mǎ. (I would like to see your
                       horse.)
             tā xiǎng lái wǒdejiā. (He would like to come to my
                       house.)
        Wénshān bù xiǎng chīfàn. (Wénshān does not wish to eat.)
      Zhāng Zhōnghǎi xiǎng hē chá. (Zhāng Zhōnghǎi would
                         like to drink tea.)

háiyao hē yì bēi chá ('I' still want to drink a cup of tea.)

      wǒ háiyao chī yì wǎn mìan.(I still want to eat an-
other bowl of noodle soup.)

      nǐ háiyao shénmo? (What else do you want?)

yì bēi chá (one cup of tea)   'measure'drill:

      tā xǐang hē yì bēi chá.(He would like to drink one
cup of tea.)

      Wénshān xǐang chī lǐangge bāozi.(Wénshān would like
to eat two dumplings.)

      wǒ xǐang zhīdao xìanzai jǐ dǐanzhōng. (I would like
to know what time it is now.)

      shéi chīle sān wǎn fàn? (Who ate three bowls of rice?)

      xīansheng,nín yào chī jǐ ge jīdan? (Sir,how many
eggs do you want to eat?)

RHYTHM DRILL(see Appendix)

EXERCISES:

I. Translate the conversation line by line without referring to the
English translation.

II.Without referring to the Pinyin,repeat the conversation in Chinese
with the help of the English translation.

III. Two students to recite the entire conversation in front of the class.

IV.Translate the following sentences into English and answer the questions:

  1.Zhāng xīansheng,nín chīle zǎofan ma?

  2.fúwùyúan jìao Zhōnghǎi qu fàntáng chī zǎofan.

  3.Zhōnghǎi méiyou qu fàntang chī zǎofan, tā bú è.

  4.Wénshān chīle lǐangge bāozi,yì wǎn xīfan gen yīge jīdàn.

  5.jīntian zǎofan wǒ jìu hēle yì bēi chá.

  6.nǐmen yào chī bāozi gen jīdan ma? wǒmende bāozi hén hǎo,jīdan hén dà.

  7.māma jīntian bù hén hǎo,tā bù xǐang chī zǎofan,tā jìu xǐang hē chá.

  8.Wǎng tàitai qíng wǒmen chī fàn. yǒu bāozi,tāngmian,cài gen jīdàn.

  9.Wǎng tàitaide háizi hén xǐao,tā bùneng chī hén dūo fàn.

  10.tàitai,nín xǐang chī shénmo?

  11.wǒ bù zhīdao wǒ xǐang chī shénmo. nǐ ne?

  12.jīntiande bāozi bù hǎo,bú yào chī ba.

V. Translate the following sentences into Chinese:

  1.I do not wish to eat breakfast; I am not hungry.

  2.Wénshān can eat three bowls of rice and two dumplings.

3. The 'service person' gives Mr. Zhāng the menu.
4. What do you have for breakfast?
5. Sir, do you wish to eat an egg?
6. Mrs. wáng eats chicken noodle soup for breakfast. How about you?
7. The 'service person' wakes Mr. Zhāng at seven o'clock.
8. Mr. Zhāng goes to the dining hall to eat breakfast. he wants a table (place).
9. The 'service person' gives Zhōnghǎi the bill.
10. What are you going to eat in the dining hall for dinner?
11. Wénshān does not know what he is going to eat for breakfast.
12. Are you going to eat lunch with Zhōnghǎi?

NOTES ON GRAMMAR:

Shénmo (what)   In Chinese when the question word 'shénmo'(what)is a pronoun, it is placed at the end of the sentence.

For example: nǐ jiao shénmo? (what is your first name?)

nǐ yào chī shénmo?(What do you wish to eat?)

When 'shénmo' is an adjective,it is placed before the noun and 'shénmo' together with the noun is placed at the end of the sentence.

For example: nǐde mǎ shi shénmo mǎ?(What kind of horse is yours?)

nǐ chī shénmo fàn? (what kind of food do you eat?)

Many Chinese sentences are constructed in the same way as English sentences: subject - verb - object. However, when a sentence also includes 'time' and 'place', the 'time' and 'place' are placed before the verb. 'time' is placed before 'place'.   For example:

wǒ chī fàn   I eat dinner.

wǒ qī diǎnzhōng chī fàn.   I eat dinner at seven o'clock.

wǒ qī diǎnzhōng zài fàntáng   I eat dinner in the dining hall at seven
   chī fàn.   o'clock.

The bigger measures of time and place come before the smaller measures (day before evening, evening before the hour, hour before minutes; country before city, city before street etc. For example:

jīntian wǎnshang qī diǎnzhōng wǒ zài běijing fàndian fàntáng chī wǎnfàn. (lit. Today evening seven o'clock I in Peking Hotel dining hall eat dinner.)

Tīananmén zài Zhōngguó, Běijīng.(lit. The gate of the Heavenly Peace is
                             in China, Peking.)

包子 (bāozi)	dumpling, bun		还 (hái)	still; yet
下 (xìa)	to descend		茶 (chá)	tea
大 (dà)	big, large		喝 (hē)	to drink
小 (xǐao)	small, little		想 (xǐang)	to think
菜 (cài)	vegetable, dishes of food		个 (gè)	(a measure)

NUMBERS ONE TO TEN:

一 (yī) one　　二 (èr) two　　三 (sān) three　　四 (sì) four

五 (wǔ) five　　六 (lìu) six　　七 (qī) seven　　八 (bā) eight

九 (jǐu) nine　　十 (shí) ten

READING SELECTION:

1. 张先生，公共汽车要走了，请您上车吧。

2. 文山不要吃包子，他要喝茶。

3. 我今天早饭吃了一个包子。

4. 今天这儿有十个人，他们都不要吃中饭。

5. 车到了王家，王太太下车了。

6. 先生，您还要喝茶吗？

7. 妈妈不饿，她不想吃包子，她要喝茶。

8. 王太太问我要不要喝茶，我很饿，我要喝茶也要吃饭。

9. 早上王太太没有叫文山，文山没有起来也没有吃早饭。

10. 王太太请我们去她家吃饭，我们都坐公共汽车去王家。　菜都很好吃。

11. 妈妈问谁要吃包子，谁要喝茶。　我们要吃饭，吃菜也要喝茶，不要吃包子。

12. 文山要吃小包子，不要吃大包子。

13. 马饿，马不吃饭，也不喝茶。

14. 今天中海很忙，很累，他不想吃饭。

15. 王先生问我们今天在哪儿吃饭？

16. 我们不想在这儿吃饭，我们到那儿去吃。

17. 谁不要坐公共汽车去王家吃中饭？

18. 我很久没有看见王太太了，今天我想去看看他。

LESSON XIV   SHOPPING AT A BOOK STORE

New syllables:

bi   di   fen   gang   hong   mai   shu   tu
ben   mao

ying   zen   zhao
                     zhei

Vocabulary:

dìtú	map
dìanyúan	sales clerk
dìan	shop, store
zhāng	a sheet of (measure for paper, map, picture, etc.)
háishi	or
dūoshǎo	how much; how many
shǎo	few; less; in small amount
mǎi	to buy
mài	to sell
bǐ	writing implement
gāngbǐ	fountain pen
qíanbǐ	pencil
zhī	(measure for 'bǐ')
máo	dime (to be placed between number and 'qían' as a measure)
fēn	cent (to be placed between number and 'qían' as a measure)
nèiben shū	that book (nèi - a specifier)
bĕn	volume (measure for book, dictionary; bĕnzi - notebook)
shū	book
nĕiben shū	which book
hóngde	red one
hóng	red
yīng wén	English
zhōng wén	Chinese
zhōng-yīng	Chinese-English
zìdǐan	dictionary
hǎokàn	good-looking
zĕnmo	How is it? How come? How?
zènmo	in such a way
zhèiben	this volume
yígòng	the total
kéyǐ	may; be permitted

a   (question particle used at the end of a sentence to indicate
           doubt. 'a' is often used together with 'zěnmo')
xiuzhēn   pocket-size
zhǎo   to look for (someone or something); zhǎo qían (to give change)

CONVERSATION:

Zhāng: nǐmen yǒu Běijīng dìtu ma?   Do you have a map of Peking?

dìanyúan: yǒu,nín yào dà zhāngde   We have. Do you want a large sheet
   hǎishi xǐao zhāngde?   or a small sheet?

Zhāng: xǐao zhāngde dūoshao qían?   A small one. How much?

dìanyúan: sān mao qían.   Thirty cents.

Zhāng: wǒ hǎi xǐang mǎi lǐang zhī   In addition, I also would like to
   bǐ gen yíge běnzi,nǐmen yě mài ma?   buy two writing implements and a
                                                    notebook. Do you sell them too?

dìanyúan: mài. nín yào gāngbi hǎishi   We do. Do you want pens or pencils?
   qǐanbi?

Zhāng: yì zhi gāngbi,yì zhi qǐanbi   One fountain pen,one pencil and a
   gen yíge xǐao běnzi.   small notebook.

dìanyúan: hǎi yào shénmo?   What else?

Zhāng: búyàole. yígòng dūoshao qían?   No more. What is the total?

dìanyúan: dìtú sānmao qían; běnzi   The map is thirty cents; the note-
   sìmao wǔ; gāngbi yí kùai wǔ;qǐan-   book is forty five cents;the foun-
   bi bāfen qían; yígòng lǐang kùai   tain pen is one dollar and fifty
   sānmao sān. nín hǎi yào shénmo ma?   cents; the pencil is eight cents.
                                                    The total is two dollars and thirty-
                                                    three cents. what else do you want?

Zhāng: búyàole. où,nèiben shū shi   Nothing **more**.   Oh, what kind of
   shénmo shū?   book is that?

dìanyúan: néiben?   Which one?

Zhāng: nèiben hóngde.   That red one.

dìanyúan: nèishi yìben zhōng-yīng   That is a Chinese-English dictionary.
   zìdǐan.

Zhāng: où,hén hǎokan. zěnmo zhèiben   Oh,very nice(looking.) How come that
   zìdian zènmo xǐao a? wǒ kéyi   this dictionary is so small? May I
   kànyikan ma?   take a look?

dìanyúan: kéyi,kéyi,nín kàn ba.   (You) may,(you)may,please look.
   zhèshi yìben xìuzhēn zìdǐan.   This is a pocket-size dictionary.

Zhāng: où,wǒ yě xǐang mǎi yìben.   Oh, I also would like to buy one。
   dūoshao qían?   How much?

- 58 -

dìanyúan: zhèiben zìdìan sān kùai qían. xìanzai yígòng shi,wǔ kùai sānmao sānfen qían.	This dictionary is three dollars. Now, the total is five dollars and thirty-three cents.
Zhāng: zhèshi shí kùai qían.	Here is ten dollars.
dìanyúan: xiexie. wó zhǎo nín sì kùai lìumao qī(fen qían). qǐng nín zài lái. zài jìan.	Thank you. I give you change of four dollars (and)sixty-seven cents. Please come again. Good-bye.
Zhang: zài jìan.	Good-bye.

PATTERN DRILL:

Combination of two nouns:

Běijīng dìtú	(map of Peking)
Běijīng rén	(native of Peking)
Zhōnggúo shū	(book in Chinese)
Yīnggúo bǐ	(pen or pencil made in England)

Number, measure and noun:

yì zhāng dìtú	(one'sheet of'map)
lǐang zhī gāngbi	(two 'sticks of' pens)
sān běn shū	(three'volumes of'books)
sì gè běnzi	(four'items of'notebooks)
wǔ gè bāozi	(five'items of'dumplings)
lìu dǐanzhōng	(six'hours'o'clock)

CONCERNING MONEY:

kùai (measure for dollar)	yí kùai qían	(one **'piece of' dollar**)
	lǐang kùai qían	(two **'pieces of'dollars**)
	sān kùai qían	(three'pieces of'dollars)
	shí kùai qían	(ten'pieces of' dollars)
mǎo (dime)	yì mǎo qían	(one dime)
	lǐang mǎo qían	(two dimes)
	jǐu mǎo qían	(nine dimes)

sān kùai sì mǎo qían(three dollars and four dimes) $3.40
     or
sān kùai sì   ('mǎo'and 'qían' are often omitted when the last digit is zero.)

fēn (cent)

lìu fēn qían	(six cents)
bā fēn qían	(eight cents)

sān kùai sì mǎo bā fēn qían (three dollars,four dimes and eight cents)
     or $3.48
sān kùai sì mǎo bā   ('fēn' and'qían' may be omitted)

RHYTHM DRILL:(see Appendix)
EXERCISES:

I. Translate the conversation line by line without referring to the
   English translation.

II. Without referring to the Pīnyin,repeat the conversation in Chinese
    with the help of the English translation.

III. Two students to recite the entire conversation in front of the class.

IV. Give the following amounts in Chinese:

$4.00	$0.30	$1.50	$ 6.45	$9.05
$20.00	$12.60	$28.45	$30.20	$17.33

V. Translate the following into Chinese with the correct measures:

1. three books   2. one pencil   3. two maps   4. three dumplings
5. five people   6. one dictionary 7. one bowl of soup
8. one cup of tea

VI. Translate the following sentences into English:

1. wǒ xiǎng mǎi liǎng běn zhōngwen shū gen yì zhāng Zhōngguó dìtú.
2. xiānsheng,nín yào mǎi shénmo?
3. zhèishi yìben xiùzhēn zìdiǎn. nǐ yào ma?
4. nǐde gāngbi hén hǎo,wǒde bù hén hǎo.wǒ yé xiǎng mǎi yì zhī hǎode.
5. Wénshān chīle hén dūo zǎofàn. yígòng liǎng kuài liǎngmao wǔ.
6. wǒ mǎile shí ben shū. yígòng shí liù kùai qían.
7. zěnmo zhèige jīdàn zènmo dà a?
8. wǒ kéyi kànyikan nǐde yīngwen shū ma?
9. zùo gōnggong qìche yào dūoshao qían?
10. zùo gōnggong qìche dào Tīananmén qù yào dūoshao qían?
11. nǐ mǎile yígòng jí ben shū?
12. shéi méiyou qiānbi?
13. Zhāng xiānsheng mǎile sì ben shū. liǎng ben zhōngwēnde,liǎng ben
    yīngwēnde.
14. Wáng tàitai mǎile hén dūo cài,yígòng wǔ kuài liùmao sìfen qían.
15. nǐ yǒu dūoshao qían? wǒ jìu yǒu yí kùai qían. wǒ bùneng chī zhōngfan.
16. jīntian nǐde zhōngfan dūoshao qían? wǒde zhōngfan(shi)yí kùai qī.

VII. Translate the following sentences into Chinese:

1. Sir,what else do you want?
2. I would like to take a look at that red book.
3. His father is rich.(lit.has money)
4. The book store does not have a large map. They have a small one.

5. What is the total? The total is eight dollars and ninety five cents.
6. How many vegetables did Mrs. Wáng buy? What is the total?
7. Dumplings are thirty cents each. Wénshān ate three. What is the total amount?
8. Wénshān has five dollars. He wants to buy a lot of books. Is he able to buy them?
9. Is Wénshān's father a clerk at the book store?
10. Mother gave me ten dollars today. She wanted me to buy two books and one red pencil.
11. This book store does not have a map of China.
12. I am looking for my red pencils, did you see them?
13. The store does not sell red pens. They only sell red pencils.
14. Today I won't be able to eat lunch. I have no money.
15. Mr. Zhāng's dictionary costs (is) ten dollars.
16. How many books do you have? I only have a few.

NOTES ON GRAMMAR: Measures are always used with numbers, question words like 'jǐ' and 'duōshǎo', and 'specifiers'.
For example: In question number 16
'How many books do you have?', the Chinese translation should be 'nǐ yǒu duōshao ben shū?' or 'nǐ yǒu jí ben shū?' and the answer 'I only have a few.'   should be
'wǒ jìu yǒu jí ben.'   (The word 'shū' is understood.)

NEW CHARACTERS:

书   (shū) book

多   (duō) much, many   块   (kùai) measure for dollar

少   (shǎo) few, less   钱   (qían) money

毛   (máo) dime   分   (fēn) cent

字典 (zì dǐan) dictionary   买   (mǎi) to buy

本   (běn) volume   卖   (mài) to sell

英   (yīng) handsome, English 是   (shì) verb-to-be

英文 (yīngwén) English language

READING SELECTION:

1. 我想买一本中文书，你们有吗？

2. 这本字典多少钱？   这本字典三块钱。

3. 张先生买了一本中文字典，还想买一本中英字典。

- 61 -

4. 今天文山没有钱，他没有吃中饭也没有买书。

5. 张先生坐公共汽车来买书，他买了很多本。

6. 一本字典三块钱，三本多少钱？

7. 王太太今天很累，她在家看书。

8. 你没有去买书吗？ 没有，我没有钱。

9. 文山早饭吃了多少钱？ 很少，三毛三分钱。

10. 请问，你到哪儿买书？

11. 我很久没有买书了。

12. 王太太买了很多菜请我们吃饭。

13. 文山问我在哪儿坐公共汽车。

14. 张先生在公共汽车上看书，到了王家，他没有下来。

15. 今天我请王太太吃饭，我要买很多菜。

16. 今天你在家请王太太吃饭吗？

17. 先生，您好？ 请坐，请喝茶。

18. 中海，请你来我家坐一坐。

19. 今天文山买了三本书，都是中文书，一共五块钱。

20. 请问，你们也卖中英字典吗？

Translate the above sentences into English and transcribe them into Pīnyin.

New syllables:

gang	huir	ju	kuar	li	ming	pei	tan	wei
gao	hua				nian	peng		

xia	zhu
xue	zher

Vocabulary:

yíkùar	together
wǎnhùi	party, a gathering in the evening
hùi	party, meeting
péngyǒu	friend
jǔxíng	to take place
shíhou	time
....de shíhou	when (see pattern drill)
yǐjǐng	already
gāo	tall, high
chūlái	emerge, to come out
chūqù	exit, to go out
zhāohu	to greet, to extend hospitality
zhǔren	host, hostess
Qían	a surname; money
Aìhúa	a given name (lit. love for China)
aì	to love
xíaojǐe	Miss; young lady
gāng	just (a moment ago)
hǎojíle	excellent
yìhǔir	in a moment
péi	to accompany
xīan	first
jǐafù	my father (a polite way of referring to one's own father)
jìeshào	to introduce
bàba	papa
zùoxia	to sit down
tán	to talk
tányitan	to converse leisurely, to chat
níanqīng	young, youthful
nían	year
qīng	young, green

- 63-

kěshì	but
jìnlai	recently
xuéxiào	school
xué	to learn
xuéshēng	student
lǐ	inside
gōngkè	homework
diànyǐng	movie
diàn	electric
yǐng	shadow
lǐbai liù	Saturday (lit. the sixth day of the week)
lǐbai(xīngqi)	week ('lǐbai' and 'xīngqi' are both used for 'week')
gōngfu	(leisure) time
míngtīan	tomorrow
diànhùa	the telephone
dǎ diànhùa	to telephone
xīwàng	to hope, to wish

CONVERSATION:

Wáng Wénshān gen Zhāng Zhōnghǎi yíkùar qù yíge wǎnhùi. nèige wǎnhui shi zài yíge péngyou jīa jǔxíng. tāmen dàole nèige péngyou jīa de shíhou, hěn dūo rén yǐjīng láile. yíge hěn gāo, hén hǎokànde xīaojie zǒu chūlai zhāohu tāmen. tā jìu shi zhǔren Qían Aìhúa.

Aìhúa: où, Wénshān, hǎojǐubujìanle. nǐ hǎo? hūanying, hūanying. zhèi wèi shi nǐde péngyou ma?	Oh, Wénshān, I haven't seen you for a long time. How are you? Welcome. Is this (gentleman) your friend?
Wénshān: shì. wǒ lái géi nǐmen jieshao. zhèishi Qían Aihua xīaojie, zhèrde zhǔren. zhèiwei shi Zhāng Zhōnghǎi xīansheng, wǒ fùqinde péngyou. gāng cóng Shànghǎi lái.	Yes. Let me introduce you. This is Miss Qían Aìhúa, (our) hostess here. This is Mr. Zhāng Zhōnghǎi, my father's friend. Just arrived from Shanghai.
Aìhúa: hūanying nín, Zhāng xīansheng. hǎojíle, nín neng lái. Wáng xīansheng gen Wáng tàitai zěnmo bù lái?	Welcome, Mr. Zhāng. It is very good that you could come. How is it that Mr. and Mrs. Wáng didn't come?
Wénshān: tāmen děng yìhǔir jìu lái. fùqin jìao wǒ péi Zhāng xīansheng xīan lái.	They will come in a little while. My father told me to accompany Mr. Zhāng to come (here) first.

Aìhúa: Zhāng xiānsheng,wǒ lái gěi nín
    jièshao jiāfù. bàba,zhèshi Wáng xiān-
    shengde péngyou Zhāng xiānsheng. nín-
    men zuòxia tányitan ba. Wénshān, gēn
    wǒ lái,qu kànkan niánqīngde péngyǒu
    ba.

Wénshān: Aìhúa,ní hǎo ma? zěnmo jìnlái
    zài xúexiao lǐ méiyou kànjian nǐ a?

Aìhúa: gōngkè tài máng le.

Wénshān: ní yǒu shíhou yě qù kàn dìan-
    yǐng ma?

Aìhúa: hǎojiu méikan le.

Wénshān: zhèige lǐbai liù wó xiang qíng
    nǐ qù kàn dìanying. hǎo ma?

Aìhúa: xìexie nǐ. kěshi wǒ bù zhīdao
    wǒ yǒu méi you gōngfu. míngtian nǐ
    zài dǎ dìanhua wèn wo,hǎo ma?

Wénshān: hǎo,wǒ míngtian gěi nǐ dǎ dìan-
    hua. wǒ xīwàng nǐ néng qù.

Aìhúa: wǒ yě xīwàng wǒ néng qù. xian-
    zài,wǒmen qù zhǎo péngyǒumen ba.

Mr. Zhāng,let me introduce my
father to you. Papa,this is Mr.
Wáng's friend Mr. Zhāng. Do sit
down and chat. Wénshān,come with
me(to go)to meet (see) some
young friends.

Aìhúa,how are you? How come that
recently I did not see you at
school?

I was too busy with homework.

Do you sometimes also go to the
movies?

I haven't seen any for a long time.

This Saturday I would like to
invite you to a movie, O.K.?

Thank you. But I do not know
whether I'll have (leisure) time.
Telephone me tomorrow to ask me
again, O.K.?

All right,I'll telephone you to-
morrow. I hope you will be able
to go.

I also hope that I can go. Now,
let us go and meet (find) the
friends.

PATTERN DRILL:

yíkùar qù (go together)   In Chinese,the word 'yíkùar'(adv.)
                            always precedes the verb.

            yíkùar chī (eat together)
            yíkùar lái (come together)
            yíkùar kàn (look at something together)

yǐjīng láile (already came)

            yǐjīng chīle (already ate)
            yǐjīng zǒule (already left)
            yǐjīng qǐlaile (already got up)
            yǐjīng mǎile(already bought)
            yǐjīng tánle (already talked)

- 65 -

...de shíhou (when)   'de shíhou' is used in a subordinate clause.
                             It is placed at the end of the clause.
    tāmen dàole Qián jiāde shíhou, hěn dūo rén yǐjīng láile.
    (When they arrived at the Qiāns, many people were already there.)

    Wénshān chīfànde shíhou, kàn shū. (When Wénshān eats, he reads.)
    Zhōnghǎi dēngjìde shíhou, fúwùyúan bǎ yàoshi gěi tā.
    (When Zhōnghǎi is registering, the 'service person' gives him the
    key.)

zài Wáng jiā jǔxíng (to be held at Wáng's house)
                     míngtīande wǎnhùi zài shéi jiā jǔxíng?
                     (At whose house is the party to be held?)

                     jīntīande hùi zài Dàhùitáng jǔxíng.
                     (Today's party is going to be held at the Great Hall.)
géi nǐ jieshào (introduce to you)
                     wǒ géi nǐmen jìeshao Àihúa. (I introduce Àihúa to you.)
                     tā géi wǒ jìeshao yíge péngyou. (He introduces a
                                                     friend to me.)

                     Àihúa gěi Wénshān jìeshao níanqing péngyou.
                     (Àihua introduces young friends to Wénshān.)
gāng lái (just came)   ('gāng' always precedes the verb)
                     wǒ gāng lái, wǒ lái wǎnle. (I just came, I came late.)
                     tā zěnmo xìanzai gāng chīfàn? (How come he is just
                                                     eating now?)
                     Wáng xīansheng gāng zǒu. (Mr. Wáng just left.)
                     Wénshān gāng chīle zǎofan. (Wénshān just ate breakfast.)
hǎojíle. (excellent, extremely good, 'jíle' means extremely)
                     zhèige rén hǎojíle. (This person is terrific.)
                     Wáng tàitaide cài hǎochī jíle. (Mrs. Wáng's dishes are
                                                     most delicious.)
                     nèiben shū hǎokànjíle. (That book is most interesting.)
                     tāde háizi hǎokànjíle. (His child is extremely good-
                                                     looking.)
zài xúexiao lǐ (in the school) The word 'lǐ' (inside) is placed after
                     the noun.
                     Wénshān zài jiā lǐ kàn shū. (Wénshān is at home reading.)
                     tā zài chúfáng lǐ yùbei wǎnfàn. (She is in the kitchen
                                                     preparing dinner.

búzài xúexiao lǐ (not in the school)　　The negative particle 'bù' is
　　　　　　　　　　　　　　　　　placed before 'zài'.

　　jīntian Aìhúa búzài xúexiao lǐ. (Today Aìhúa is not in the school.)

gěi....dǎ dìanhùa (to telephone someone)
　　or

dǎ dìanhùa gěi....　　　　The person who is receiving the call is placed
　　　　　　　　　　　between 'gěi' and 'dǎ dìanhùa'.

　　　wǒ gěi nǐ dǎ dìanhùa.(I will telephone you.)

　　mìngtian qǐng nǐ gěi wǒ dǎ dìanhùa.(Please telephone me tomorrow.)
　　　　　　　　　or

　　mìngtian qǐng nǐ dǎ dìanhùa gěi wǒ.

　　　　　　　　　The negative particle 'bù' is placed either
　　　　　　　　　before 'gěi' or 'dǎ dìanhùa' whichever comes
　　　　　　　　　first in the sentence. For example:

　　jīntian wǒ bù gěi nǐ dǎ dìanhùa.(Today I will not telephone
　　　　　　　or　　　　　　　 you.)

　　jīntian wǒ bù dǎ dìanhùa gěi nǐ.

　　　　　　　　　When an auxilary verb such as 'néng'(can),
　　　　　　　　　'kéyi' (may) appear in the sentence,the
　　　　　　　　　negative particle 'bù' is placed before the
　　　　　　　　　auxilary verb. For example:

　　mìngtian wǒ bùneng gěi nǐ dǎ dìanhùa.(I cannot telephone
　　　　　　　　or　　　　　　　 you tomorrow.)

　　mìngtian wǒ bùneng dǎ dìanhùa gěi nǐ.

RHYTHM DRILL(see Appendix)
EXERCISES:
I. Translate the conversation line by line without referring to the
   English translation.
II. Without referring to the Pinyin,repeat the conversation in Chinese
   with the help of the English translation.
III. Two students to recite the entire conversation in front of the class.
IV. Translate the following sentences into English:
　　1. jīntian zǎoshàng Zhōnghǎi gen Wénshān yíkùar qù cānguan Rénmin
　　　Dàhuìtáng.
　　2. mìngtian Wáng jīade wǎnhùi wǒmen dōu qù,nǐ ye qù ma? tāmen yě qǐngle
　　　nǐ ma?
　　3. Wénshān shi Aìhúade péngyou,tā búshi wǒde péngyou.

- 67 -

4. Àihúa hěn gāo yé hén hǎokàn. ní xiǎng tā hǎokàn ma?

5. wǒmen dàole Wénshānde jiāde shíhou,Wáng tàitai qǐng wǒmen hē chá.

6. Wénshan dàole Àihúa jiāde shíhou,Àihúa gěi tā jièshao tāde fùqin.

7. jīntian wáng tàitai bù hén hǎo,tā bù chūlái.

8. fúwùyuán zài Rénmin Dàhuitáng zhāohu wǒmen,hái qǐng wǒmen hē chá.

9. Qián Àihúa shi zhǔren,wǒmen dōu shi kèren.(guests)

10. yí wei xiānsheng gen yí wei tàitai zai fàntáng chīfan.

11. Zhōnghǎi gāng láile yìhuǐr jiù zǒule.

12. zhèige lǐbai lìu ní néng péi wǒ qù kàn diànying ma?

13. wǒ xiān mǎi shū,zài mǎi bǐ.

14. jīntian jiāfù bú zài jiā,zhēn dùibuqǐ,qǐng nín míngtian zài lái ba.

15. Wénshānde péngyoumen dōu hěn niánqīng.

16. jìnlai wǒ méiyou kàn jian Àihúa,wǒ bù zhīdao tā zài nǎr.

17. xuéshengmen dōu yǒu hén dūo gōngkè,kěshi tāmen dōu xiǎng qù kàn diànyǐng.

18. Zhāng tàitai wèn wǒ míngtian yǒu gōngfu ma? tā xiǎng qǐng wǒ chīfan.

19. wǒ xiǎng mǎi shū gen běnzi kěshi jīntian wǒ méiyou qián.

20. wǒ xīwang ní míngtian géi wó dǎ diànhua.

V. Translate the following sentences into Chinese:

1. There is a party tomorrow evening at Wénshān's house,are you going?

2. How many people did he invite? I think he has invited fifty people.

3. Who is that good-looking young lady?

4. Where is Miss Qián? She is greeting Mr. Zhāng.

5. Did you and Wénshān arrive together?

6. Mrs. Wáng just arrived at the party.

7. Please wait a moment. I want to introduce Mr. Zhāng to my father.

8. Gentlemen,please do sit down and chat.

9. I do not know whether I have (leisure) time today,I will telephone you.

10. The dinner at the Wángs (Wáng's house) was excellent.

11. How come that Wénshān did not come to school?

12. Whom are you looking for? I am looking for Zhōnghǎi.

13. Now I do not have time to eat,I will come in a little while.

14. Does that teacher give you a lot of homework?

15. I was very busy lately,I have not seen a movie for a long time.

16. How many days are there in a week?   Seven days.

17. Today I bought two nice pens. The total was fifteen dollars.

18. Do you also have a telephone in your house?

NOTES ON GRAMMAR:

I. We have learned one way of asking a question in Chinese. It is by
    putting the question particle 'ma' at the end of a statement.

    Wénshān lái ma? (Is Wénshān coming?)

    ní mǎi shū ma? (Are you buying books?)

    Another way of asking the same question is to put 'bù' between
    the verb which is repeated.

    Wénshān lái bu lái? (Is Wénshān coming?)

    ní mǎi bu mǎi shū? (Are you buying books?)

II. ...de shíhou (when)

    In English we begin a subordinate clause with the word 'when'.
    In Chinese 'when'(de shíhou) is put at the end of the subordinate
    clause.

    Wénshān chīfànde shíhou, kànshū.(when Wénshān eats, he reads.)

    Wáng tàitai yùbei wǎnfànde shíhou, Wénshān bāng tāde máng.

    (When Mrs. Wáng prepares the dinner, Wénshān helps her.)

III. The word 'gěi' when used alone, is the transitive verb 'to give'.

    wó gěi ní shū.(I give you books.)

    ní gěi wǒ qían. (You give me the money.)

    However, when 'gěi' is used in combination with other verbs, it
    becomes a preposition. It means 'to' or 'for' depending on the
    context of the sentence.

    wó gěi ní jieshao wǒde péngyou.(I introduce my friend to you.)

    ní gěi wó mǎi shū.(You buy books for me.)

IV. The days of the week: In Chinese the days of the week have no
                            special names. One simply refers to the
                            different days by numbers. The Chinese
                            week begins with Monday.

    líbai yī (monday)   or (xīngqi yī)
    líbai èr (Tuesday)   or (xīngqi èr)
    líbai sān(Wednesday) etc.   or (xīngqi sān) etc.
    líbai lìu(Saturday)   or (xīngqi lìu)
    líbai rì or líbai tīan(Sunday) or (xīngqi rì; xīngqi tīan)

NEW CHARACTERS:

朋友 (péng yǒu) friend

出   (chū) emerge, to come out

给   (gěi) to give; to; for

小姐 (xǐao jǐe) Miss, young lady

明天 (míng tīan) tomorrow

招呼 (zhāo hū) to greet

介绍 (jìe shào) to introduce

工夫 (gōng fū) 'leisure' time

的   (de) a particle

- 69 -

READING SELECTION:

1. 文山给中海介绍了很多朋友。

2. 今天你有工夫到我家来吃饭吗？

3. 钱小姐出来招呼我们，她还请我们坐下喝茶，她问我们好。

4. 文山在钱家看见很多朋友，钱小姐招呼他吃饭，喝茶。

5. 妈妈给了我十块钱叫我买三本中文书，一本英文字典。

6. 这本中英字典很好看，多少钱？

7. 今天早上文山坐了公共汽车到钱小姐家去看她，她不在家，她的妈妈请文山明天来。

8. 王太太，您今天有工夫出来吃饭吗？

9. 请你给我那本英文书，我想看一看。

10. 今天我很忙，我没有出来也没有去看王太太。

11. 那个人是文山的朋友吗？ 不是，他是中海的朋友。

12. 我们都去王家吃饭，我们想坐公共汽车去，你也一块儿去吗？

13. 王太太不很好，很多朋友都来看她。 妈妈没有去看她。 妈妈也不很好。

14. 文山在家吗？ 你看见他了吗？ 没有，我没有出去。

15. 这本书不是我的，是你的吗？

16. 你今天去买书吗？ 给我也买一本，好吗？

17. 我很饿，我吃了三个包子了，还想吃一个。

18. 请你吃这个菜，很好吃。

19. 王太太请我们吃饭，她招呼我们，我们吃了很多菜，喝了很多茶。

20. 今天钱小姐没有来，她到上海去了。

EXERCISES:

1. Translate the above sentences into English.
2. Transcribe the above sentences into Pīnyin.

REVIEW

NOUNS AND NOUN COMBINATION:

tāngmìan	xīfàn	cài	bāozi	jīdàn	jī	jīsī
wèizi	càidān	chá	zhàngdān	dìtú	gāngbǐ	bǐ
qīanbǐ	qían	běnzi	shū	yīngwén	zhōngwén	zìdǐan
wǎnhùi	péngyǒu	zhǔrén	kèren	xíaojǐe	xúexīao	xúeshēng
jīafù	gōngkè	gōngfu	dìanyǐng	shíhòu	míngtīan	dìanhùa
dìanyúan	lǐbài	bàba				

PROPER NOUN: Aìhúa

DEMONSTRATIVE PRONOUNS AND ADJECTIVES:

zhè (or zhèi)   nà (or nèi)   nǎ (or něi)   zhèr nèr nǎr

VERBS:

xǐang   hē   zhǎo   mǎi   mài   júxíng   chūlái   chūqù   zhāohu

jìeshào   gěi   péi   zùoxia   tán   tányitan   dǎ dìanhùa   xīwàng

AUXILARY VERB: kéyǐ

ADJECTIVES: xǐao   níanqīng   gāo   hǎokàn   hóng (color)

MEASURES: wǎn   bēi   gè   zhāng   zhī   kùai   máo
             fēn   běn   wèi   dǐanzhōng

QUESTION WORDS: jǐ   dūoshǎo   shénmo   zěnmo

COMMON EXPRESSIONS:

hǎojíle   děngyihǔir   háiyao shénmo?   búyàole   dūoshao qían?

EXERCISES:

I. Fill in the blanks with the proper adjectives in Chinese and translate
    the sentences into English:

   1. wénshān yǒu yìběn_____ zìdǐan. (pocket-size)
   2. wǒ yǒu hěn dūo _____péngyou. (young)
   3. nèi wèi xíaojǐe zhēn _____. (tall)
   4. wǒde dìtú hěn _____. (large)
   5. zhèige cài hěn _____. (good)
   6. jīntian wǒ bùneng qù kàn dìanying, wǒ hěn _____. (busy)
   7. wáng tàitaide háizi hěn _____. (good-looking)
   8. nǐ yào bu yào chī yíge _____bāozi? (big)

II. Figure out the total:

   1. yíge bāozi sānmao qían, wénshān chīle sìge, yígòng dūosnǎo qían?
   2. zài Aìhúade wǎnhui yǒu shí-yi wèi xīansheng, sì wei tàitai, lìu wei
      xíaojǐe. yígòng yǒu dūoshao rén?

3. Wáng tàitai mǎile hěn dūo cài. tā gěile mǎicaide rén shí kùai qían, mǎicàide rén zhǎole tā sān kùai wǔmao qían. Wáng tàitaide cài yí- gòng dūoshao qían?

4. qīanbi lìufen qían; dìtú yí kùai wǔ; shū sān kùai qían yì běn; zìdǐan wǔ kùai èrmao qían. Jīashēng mǎile sān zhi qīanbi; lǐang zhang dìtú; sì ben shū gen yì ben zìdǐan. yígòng dūoshao qían?

III. Translate the words on the left using the proper measures listed on the right and make a sentence of each combination:

three ladies	zhī
two books	fēn
six children	zhāng
one cup of tea	dǐan
ten maps	wèi
eight o'clock	běn
seven notebooks	gè
four dictionaries	bēi
ten dumplings	
fifteen young friends	

IV. Read the following paragraphs and translate them into English:

1. jīntian zǎoshang fúwùyúan jǐao Zhāng xīansheng qǐláide shíhou shi qī dǐanzhong. kěshi Zhōnghǎi méiyou qǐlai. bā dǐanzhong gōnggong qìche zǒule. Zhōnghǎi gāng qǐlai. tā wèn fúwùyúan tā zěnmo néng qù Tīananmén qu cānguan. fúwùyúan jìu jǐao tāde péngyou péi Zhōnghǎi qù. tāde péngyou yǒu yíge qìchē. Zhāng Zhōnghǎi xiexie tāmen.

2. Wénshān xíang qǐng Aìhúa kàn dìanying. Aìhúa bù xiang gen tā qù. tā jǐao Wénshān míngtian gěi tā dǎ dìanhua. Wénshān yùbei míngtian gěi Aìhúa dǎ dìanhua. tā xīwàng Aìhúa néng qù.

3. wǒmen xúexiao lǐ yǒu yíge dà fàntáng. wǒmen dōu zài nèr chī zhōngfan. tāmen yǒu bāozi, yǒu jīdàn, yǒu tāngmian háiyou chá kěshi méiyou xīfan gen xiao cài. wǒ bú yào zài fàntang chī zhōngfan. wǒ zùo gōnggong qìche dào jīa qu chī. wǒ dàole jīade shíhou, wǒ è jíle. wǒ chīle hěn dūo zhōngfan.

4. yíge lǐbai yǒu qī tīan. cóng lǐbai yī dào lǐbai wǔ, xúeshengmén dōu yǒu hěn dūo gōngkè, máng jíle. lǐbai lìu gen lǐbai rì (tīan) tāmen méiyou gōngke. kěshi tāmen yě hěn máng, tāmen qù wǎnhui gen kàn dìanying.

V. Concerning Money:

1. Review: kùai (measure for dollar) sān kùai qían
                                                       wǔ kùai qían

máo (dime)　　　yì máo qián (one dime)

　　　　　　　　　liǎng máo qián (two dimes)

fēn (cent)　　　sì fēn qián (four cents)

　　　　　　　　　liù fēn qián (six cents)

dūoshǎo qián? (How much?)

zhǎo qián　　　(to give change)

2. Say the following amounts in Chinese:

$2.00	$5.20	$ 0.66	$8.90	$10.58	$3.07
$19.00	$21.20	$34.67	$97.75	$50.00	$36.89
$100.00	$150.00	$175.43	$186.22	$134.90	$108.43

CHARACTER REVIEW:

Lesson XIII　包子下大小还茶喝想菜个一二三四五六七八九十

Lesson XIV　多少本书块钱毛分字典买卖英是

Lesson XV　朋友出姐招呼介绍工夫给的明

READ THE CHARACTER COMBINATIONS:

上车	包子	一毛钱	钱小姐	上下汽车
汽车	想要	八本书	我不饿	三本字典
下马	一本	有工夫	你很累	我不卖书
好马	三块	给他菜	上汽车	他不吃饭
明天	小姐	吃小菜	没有买	你想喝茶
看见	起来	吃中饭	在哪儿吃	很多朋友
好看	出来	不想吃	明天去	不去看书
很多	字典	想喝茶	看朋友	介绍朋友
很久	中英	多少钱	没工夫	问你们好
买书	多少	很多钱	给他钱	谁去买书
工夫	太少	四块钱		很久没见
招呼	朋友	走出来		谁要吃饭
	介绍	好朋友		没有买菜
		买字典		我给他书
		小包子		还想买书

I. WRITE THE FOLLOWING NUMBERS IN CHINESE:

    10   20   40   15   35   66   74   81   27   46

    100   34   26   12   21   25   11   14   22   18

II. WRITE THE FOLLOWING WORDS IN CHINESE CHARACTERS:

1. bus   2. Mr. Wáng   3. Wénshān   4. Peking   5. Zhōnghǎi

6. good   7. to eat   8. have not   9. Mrs.   10. friend

III. READ THE FOLLOWING PARAGRAPHS AND TRANSLATE THEM INTO ENGLISH:

1. 早上中海要去买书，他坐公共汽车去。　文山也要去买书，他们一块儿坐公共汽车去。　到了那儿，中海买了一本英文书，三本中文书，文山买了一本中英字典。

2. 妈妈问我要不要吃包子，喝茶，我不饿，我不想吃包子，也不想喝茶，我要看书。

3. 张太太很忙，她在上海，她没有来北京。　她没有工夫来北京看我们，我们都想她，我们问她好。

4. 文山很久不见钱小姐了，他要请她出来，还要请她喝茶。　钱小姐不想出来也不想去王家喝茶。

5. 中海明天早上要去看他的朋友家生，他们是好朋友。　家生请中海吃中饭。中海买了一本书给家生，是一本英文书。

6. 今天王太太不大好，她没有起来，她也没有去买菜。　文山要吃饭，他饿，王太太叫他出去吃饭，文山的朋友请他去吃饭，他去朋友家吃饭了。

7. 朋友们到钱小姐家，她走出来招呼他们，请他们坐，请他们喝茶。

8. 今天我有三块钱，我想买书也想吃中饭。　我吃了中饭，没有买书我明天买书。

9. 妈妈叫我们快去看书，看了书，来吃饭。　文山不要看书，他要吃饭。　他吃了很多菜，很多饭，我们看了书去吃饭，饭，菜都没有了。

10. 一本英文字典三块钱，一本中文字典三块五毛钱。　文山买了一本英文字典，一本中文字典，还给他的朋友买了一本英文字典。　他买了多少本字典？　多少钱？

The following Pinyin words are listed alphabetically together with the characters which appear in this volume. The numbers on the right indicate the lessons in which the words first appear.

	A		
a		question particle	14
Àihúa		a given name	15

	B		
ba 吧		question particle	9
bā 八		eight	11
bǎ		verb particle	9
bàba		papa	15
bǎi		hundred	11
bāng		to help	10
bāng wǒ máng		to help me	10
bāo 包		to wrap	13
bāozi 包子		dumpling	13
bēi		cup	13
Běijīng 北京		Peking	8
běn 本		volume	14
běnzi 本子		notebook	14
bǐ		writing implement	14
bù 不		no, not	2

	C		
cài 菜		vegetable;dishes of food	13
càidān		menu	13
cānguān		to visit a place	11
chá 茶		tea	13
chē 车		vehicle	10
chēzhàn		station	10
chī 吃		to eat	10
cóng		from	9
chūfā		to start a journay	11
chúfáng		kitchen	10
chūlái 出来		to emerge	15
chūqù 出去		to exit	15

	D		
dà 大		large, big	11
dǎ diànhuà		to telephone	15
dān		a list	13
dàn		egg	13
dào 到		to arrive; to	9
de 的		a particle	9
dēngjì		to register	9
děng		to wait	9
diàn		store, shop	14
diànhuà		the telephone	15
diànyǐng		movie	15
diànyuán		store clerk	14
diǎnzhōng		o'clock	11
diǎr (yìdiǎr)		a little bit	11
dìtú		map	14
dōu 都		all	6
duìbuqǐ		sorry	10
duō 多		many, much	14
duōshǎo 多少		How many?How much?	14

	E		
è 饿		hungry	4
èr 二		two	11

	F		
fàn 饭		cooked rice;food	10
fàndiàn		restaurant	9
fàntáng		dining hall	13
fángjiān		room	9
fēn 分		cent	14
fùqīn		father	8
fǔshàng		your family	8
fúwù		to service	9
fúwùtái		the service desk	9
fúwùyuán		the service person	9

	G		
gāng		just (now)	15
gāngbǐ		fountain pen	14

75856

gāo		tall, high	15
gěi	给	to give; for; to	15
gè	个	(a measure)	13
gēn		and, with	8
gōnggòng	公共	public	11
gōnggòng qìchē	公共汽车	bus	11
gōngfū	工夫	(leisure) time	15
gōngkè		homework	15
guǎngchǎng		an open field	11
guì	贵	expensive	9
guìxìng?	贵姓	What is your surname?	9

H

hǎi	海	sea, ocean	8
hái	还	still, in addition	13
háishi	还是	or	14
háiyào	还要	still want to	13
háizi		child	8
hǎo	好	fine; good; well	8
hǎokàn	好看	good-looking	14
hē	喝	to drink	13
hěn	很	very	8
hóng		red	14
huānyíng		to welcome	8
huì		meeting	11
huìtáng		meeting hall	11
hùzhào		passport	9

J

jī		chicken	13
jǐ		How many? few	11
jiā	家	home	10
jiāfù		my father	15
jiào	叫	be called	9
Jiāshēng	家生	a given name	10
jiē		to fetch someone; to meet someone at the station	10
jièshào	介绍	to introduce	15
jíle		extremely	15
jìnlái		recently	15
jīntiān	今天	today	8
jīsī		shredded chicken	13
jiǔ	久	long time	8
jiǔ	九	nine	11
jiù		only; then; immediately	10
jǔxíng		to take place	15

K

kàn	看	to look at, to see	9
kàn jiàn	看见	to have seen	9
kèqi		be polite	10
kèrén		guest	15
kěshì		but	15
kěyǐ		may, be permitted	14
kuài	块	(measure for dollar)	13

L

lái	来	to come	5
lèi	累	to be tired	5
lǐ		inside	15
lǐbài(xīngqī)		week	15
líng		zero	9
liù	六	six	11

M

mā	妈	mother	1
má	麻	hemp	1
mǎ	马	horse	1
mà	骂	to scold	1
ma	吗	question particle	1
máng	忙	busy	8
mǎi	买	to buy	9
mài	卖	to sell	9
méiyǒu	没有	have not	10
mén	们	word particle to form a plural	6
miàn		noodle	13
míngtiān	明天	tomorrow	15
máo	毛	dime	14

N

ná		to take	9

nádào		to take to	9
nǎrde	哪儿的	of where	9
ne		question particle	10
nèi	那	that(a specifier)	14
něi	哪	which(a specifier)	14
néng		able to,can	8
nèr	那儿	there	11
nǐ	你	you	3
niánqīng		young	15
nǐmen	你们	you (pl.)	6
nín	您	you (polite form)	8

O

ou		oh	8

P

péngyǒu	朋友	friend	15
péi		to accompany	15

Q

qī	七	seven	11
qǐlái	起来	to get up	11
qìchē	汽车	automobile	11
Qián	钱	money;a surname	13
qiānbǐ		pencil	14
qīng		green	15
qǐng	请	to invite,please	9
qǐng wèn	请问	may I ask	11
qù	去	to go	9

R

rén	人	person	9
rénmín		people	9
Rénmín Dàhuìtáng		The Great Hall of the People	9

S

sān	三	three	11
shàng	上	to ascend	13
shéi	谁	who	11
shēnfēnzhèng		I.D.	9
shēng	生	to be born	10
shénmo		what	13
shí	十	ten	11
shì	是	be(am, is, are)	9

shíhou		time	15
shū	书	book	14
sì	四	four	9

T

tā	他(她)	he,she,him,her,it	3
tài	太	too,excessively	8
tàitai	太太	Mrs.;lady;wife	8
tāmen	他们	they,them	6
tán		to talk	15
tányìtan		to chat	15
tāng		soup	13
táng		hall	11
tāngmian		noodle soup	13
tian	大	day,sky	11
Tiānanmén		The Gate of the Heavenly Peace	11

W

wài		exterior	9
wài		hello	11
wàiguó		foreign country	9
wǎn		bowl	13
wǎnfàn		dinner	10
Wáng	王	a surname;king	8
wǎnhùi		party,a gathering in the evening	15
wèi		(a measure)	15
wèn	问	to ask	10
Wénshān	文山	a given name	8
wǒ	我	I,me	3
wǒde	我的	my,mine	9
wǒmen	我们	we,us	6
wǔ	五	five	11

X

xia	下	to descend	13
xiān	先	first	15
xiānsheng	先生	Mr.;gentleman	8
xiànzài		now	8
xiǎng	想	to think	13
xiǎo	小	small,little	15
xiǎo cài	小菜	side dishes	13

xiǎojiě 小姐	Miss, young lady	15
xiè	to thank	9
xīfàn	rice soup	13
xìng 姓	surname	9
xínglǐ	luggage	9
xīuxi	to rest	9
xìuzhēn	pocket size	14
xīwàng	hope, wish	15
xúe	to learn	15
xúeshēng	student	15
xúexiào	school	15

Y

yào 要	to want	10
yàoshì	key	9
yě 也	also	8
yī 一	one	9
yígòng 一共	the total	14
yìhǔir	in a little while	15
yǐjīng	already	15
yíkùar 一块儿	together	15
yǐng	shadow	15
yīngwén 英文	English	14
yǒu 有	to have	9
yùbèi	to prepare	10

Z

zài 在	be at	10
zài	again	13
zàilái	Come again	13
zàijiàn	Good-bye	13
zǎo	early; Good morning.	11
zǎofàn	breakfast	11
zǎoshàng	in the morning	11
zěnmo	how come	14
zěnmo	in such a way	14
zhàn	station, stand	10
Zhāng 张	surname, (a measure)	8
zhàngdān	bill	13
zhǎo	to look for	
zhǎo qían	to make change	14

zhāohu	to greet	15
zhè 这	this (a specifier)	9
zhèi 这	this (a specifier)	14
zhèishi 这是	this is	9
zhēn	really	9
zhèr 这儿	here	11
zhī	(a measure)	14
zhīdào	to know	10
zhōng 中	middle	9
Zhōngguó	China	9
zhōng-yīng	Chinese-English	14
zhǔrén	host, hostess	15
zìdiǎn 字典	dictionary	14
zǒu 走	to leave; to walk	8
zuò 坐	to sit	10
zuò xia 坐下	to sit down	15

APPENDIX

RHYTHM DRILL:

Read the conversations using the following word-groupings and rhythm. Notice each stressed syllable is one count. Pay attention to the tone markings and pronounce the rest of the syllables lightly. It is advisable to use a pen to tap on the desk to keep time while reading. Read slowly first, then gradually increase the speed.

LESSON VIII   THE ARRIVAL

Wáng: Zhāng-xiansheng. nín-haoma? huānying-nin-lai Běijing.

Zhāng: ou-Wénshan háojiubujianle. wó-hen-hao. ní-ye-hao-ma? fúshang-dou-hao ma?

Wáng: tāmen-dou-hao xìexie. fùqin-jintian-hen máng-ta-buneng lái. Zhāng-taitai-gen háizimen-dou hǎoma?

Zhāng: tāmen-ye-dou-hao. xìexie.

Wáng: hǎo-xianzai-women zǒuba.

LESSON IX   AT THE PEKING HOTEL

fúwuyuan: xīansheng-nin-hao? nín-guixing? nǎrde-ren? cóng-nar-lai?

Zhāng: wó-xing-Zhang, jìao-Zhonghai, jīntian-cong-Shanghai lái. yóu-wode-fangjian ba.

fúwuyuan: ou-Zhāng-xiansheng-qing děngyideng-wo kànkan. ah-, yǒu. Zhāng-Zhonghai-xian-sheng. nínde-fangjian-shi sìlingyi. zhèshi-ninde yàoshi.

Zhāng: xìexie. zhèshi-wode xíngli.

fúwuyuan: qíng-ba Zhāng-xianshengde xíngli nádao-siling yī. Zhāng-xiansheng qǐng-nin-dengji. nín-you-huzhao-gen shēnfenzhengma?

Zhāng: wo-búshi-cong wàiguo-lai. méiyou-huzhao. zhèshi-wode shēngfenzheng.

fúwuyuan: hao, xìexie-nin. xìanzai-qing-nin-qu xīuxiba.

LESSON X   VISITING FRIENDS

Jāisheng: Zhōnghai. háojiubujianle. ní-hao? huānying-ni-lai-Beijing. huānying-ni-lai-Beijing.

Wénshan: huānying-nin-lai wǒmen-jia.

Zhōnghai: xìexie-ninmen qíng-wo-lai-fu shàng. fúshang-dou-hao ma? wǎng-taitaine? tā-zai-nar?

Jìasheng: tā-zai-chufang yùbei-wanfan ne. tā-jiu-lai. qǐng-zuo-qing-zuo.

Zhōnghai: ní-hen-mangba?

Jìasheng: hěn-mang. jīntian-wo-meiyou-qu chēzhan-jie-ni. zhēn-duibuqi.

Zhāng: búyaokeqi. búyaokeqi. wó-zhidao-ni-mang. wénshan-qule-ta bāngle-wo-hen-duo máng.

Wáng tàitai: Zhāng-xiansheng-nin hǎo?fǔshang-dou-hao ma?
Zhāng-taitai-meiyou láima?

Zhōnghai: nín-hao?Wáng-taitai.-wo tàitai-hen-mang.tā-buneng-lai.
tā-wen-nin-nao.

Wáng tàitai:fàn-haole. xìanzai-qing-lai chīfanba.

LESSON XI   IN THE MORNING

Zhāng:wài-sheiya?

fúwuyuan: wǒ-shi-fuwu tái.qī-dianzhongle.

Zhāng: wǒ-zhidaole. wó-qilaile.xìexie-nin.qǐngwen-jintian dào-nar-qu-can
gūan?

fúwuyuan: qu-Tīananmen-guangchang-gen Rénmin-Dahuitang.

Zhāng: jí-dianzhong-chu fa?

fúwuyuan: wǒ-bu-zhidao.où,qǐng-nin-dengyideng-wo wènyiwen. gōnggongqiche
bā-dianzhong-cong zhèr-chufa-nin chīle-zaofanle ma?

Zhāng: méiyou-wo xìanzai-jiu-qu chī.

fúwuyuan: nín-kuai-yidiar-qu chība.

Zhāng: hǎo,xiexie-nin.

LESSON XIII AT THE DINING HALL

Zhāng: yǒu-weizima?

fúwuyuan:zhèr-you-yige wèizi.

Zhāng:qǐng-nin-gei-wo càidan.

fúwuyuan: hǎo,zhèshi-womende càidan.

Zhāng: xìexie-nin.

fúwuyuan: qǐngwen,nín-xiang-chi-shenmo?

Zhāng: nǐmen-you-shenmo?

fúwuyuan:yǒu-tāngmian-you xīfan-gen xìaocai,bāozi,jǐdan.

Zhāng: wǒ-yao-yi-wan jīsi-tangmian-gen lǐangge-baozi.háiyao-he-yi-bei chá.

fúwuyuan: hǎo,háiyao-shenmo?

Zhāng: búyaole,xìexie.

Zhāng: qǐng-gei-wo zhàngdan.

fúwuyuan: zhèshi-ninde zhàngdan.xìexie-nin.qǐng-nin-zai-lai.

Zhāng:hǎo,zhèshi-san-kuai qían.

fúwuyuan: xìexie-nin.zàijian.

Zhāng: zàijian.

LESSON XIV SHOPPING AT A BOOK STORE

Zhāng:nǐmen-you-Beijing dìtuma?

dìanyuan: yǒu-nin-yao dà-zhangde-haishi xǐao-zhangde?

Zhāng: xiao-zhangde-duoshao qían?

dìanyuan: sānmao-qian.

Zhāng: wo-hái-xiang-mai-liang-zhi bǐ-gen-yige běnzi. nímen-ye-maima?

dìanyuan: mài-nin-yao gāngbi-haishi qīanbi?

Zhāng: yì-zhi-gangbi yì-zhi-qianbi-gen yíge-xiao-ben zi.

dìanyuan: háiyao-shenmo?

Zhāng: búyaole. yígong-duoshao qían?

dìanyuan: dìtu-sanmao qían. běnzi-simao wǔ; gāngbi-yi-kuai wǔ;qīanbi-baf'en
     qian;yígong-liang-kuai sānmao-san. nín-hai-yao-shenmo ma?

Zhāng: búyaole où,nèiben-shu-shi shénmo-shu?

dìanyuan: néiben?

Zhāng: nèiben-hongde.

dìanyuan: nèishi-yiben zhōngying-zidian.

Zhāng: où-hen-hao kàn.-zenmo zhèiben-zidian zènmo-xiao-a?-wo kéyi-kanyikàn
     ma?

dìanyuan: kéyikeyi nín-kan-ba. zhèshi-yiben xìuzhen-zidian.

Zhāng: où-wo-ye xíang-mai-yi-ten. dūoshao-qian?

dìanyuan: zhèiben-zidian sān-kuai-qian. xìanzai-yigong-shi
     wǔ-kuai-sanmao sān-fen-qian.

Zhāng: zhèshi-shi-kuai qían.

dìanyuan: xìexie-wo zhǎo-nin-si-kuai lìumao-qi. qǐng-nin-zai-lai.zàijian.

Zhāng: zàijian.

LESSON XV   AT A PARTY

Aìhua: où-Wénshan,háojiubujianle. ní-hao? hūanying-huanying.
     zhèi-wei-shi-nide péngyou-ma?

Wénshan:shì. wǒ-lai-gei-nimen jìeshao. zhèishi-Qian-Aihua xíaojie-zherde
     zhǔren. zhèiwei-shi Zhāng-Zhonghai-xiansheng-wo fùginde-pengyou
     gāng-cong-Shanghai lái.

Aìhua: hūanying-nin. Zhāng-xiansheng.háojile,nín-neng-lai.
     Wáng-xiansheng-gen Wáng-taitai zěnmo-bu-lai?

Wénshan: tāmen-deng-yihuìr jìu-lai. fùqing-jiao-wo-pei Zhāng-xiansheng
     xīan-lai.

Aìhua: Zhāng-xiansheng,wǒ-lai-gei-nin jìeshao-jiafu. bàba-zheshi
     wáng-xianshengde-pengyou Zhāng-xiansheng.nínmen-zuoxia tányitanba.
     Wénshan-gen-wo lái-qu kànkan-nianqingde péngyouba.

wénshan: Aìhua-ni háoma?-zěnmo jìnlai-zai xúexiao-li-meiyou kànjian-ni-a?

Aìhua: gōngke-tai-mang le.

wénshan: ní-you-shihou-ye-qu-kan dìanyingma?

Aihua: Háojiu-meikanle.

Wénshan: zhèige-libai-liu-wo xíang-qing-ni-qu-kan dìanying-naoma?
Aìhua: xìexie-ni-keshi wǒ-bu-zhidao-wo yǒu-meiyou-gongfu. míngtian-ni-zai
        dǎ-dianhua-wen-wo hǎoma?
Wénshan: hǎo.-wo míngtian-gei-ni dǎ-dianhua-wo xīwang-ni-neng qù.
Aìhua: wó-ye-xiwang wǒ-neng-qu. xìanzai-women-qu-zhao péngyoumen ba.

        The above rhythm pattern should not be looked upon as hard and
fast. They are adaptable to change.   It is important to bear in mind
that all languages are spoken 'rhythmically' to be intelligible and
students must avoid the tendency of pronouncing each word in a sentence
in equal intervals, otherwise what is spoken will become a monotonous drone.

EVERYDAY PHRASES :

búyaokèqi	Don't stand on ceremony. Don't mention it.
búyàole	Nothing more.
chīfànle	Dinner is ready. (or lunch)
dǎ dìanhua	to telephone
děngyiděng	Wait a moment.
děngyihǔir	in a little while, wait a while.
duìbuqǐ	Sorry.
dūoshao qían?	How much?
fùshàng dou hǎoma?	How is your family?
hǎojiubujìanle.	(I) have not seen (you) for a long time.
hūanyíng.	welcome. (a greeting)
kànyikan	Take a look!
ní hǎoma?	how are you?
nǐmen you shénmo?	What do you have?
nín guìxing?	What is your surname?
qǐng zùo.	Please sit down.
wài, shéiya?	Hello, Who is it?
wǒ bu zhīdao	I don't know.
xìexie	Thanks.
zàijian	Good-bye.
zùoyizuo	Sit down for a moment.

STROKE ORDER OF CHARACTERS (SIMPLIFIED FORM)

LESSON I

马　　　フ　马　马

妈　　　ㄣ　ㄑ　ㄠ　女　妈　妈　妈

骂　　　丶　口　口　口丨　口丨　口口　骂　骂　骂

吗　　　丶　口　口　口丁　吗　吗

LESSON II

不　　　一　丁　才　不

看　　　ノ　二　三　看　看　看　看　看　看

LESSON III

我　　　ノ　二　于　于　我　我　我

你　　　ノ　亻　亻'　你　你　你　你

他　　　ノ　亻　亻ㄱ　仂　他

她　　　ノ　ㄑ　ㄠ　女　如ㄱ　妌　她

LESSON IV

饿　　　ノ　人　个　仐　仐　仐二　饣　饣　饿　饿

- 83 -

LESSON V

来　　一 ㄲ 冖 쬬 来 来 来

累　　丶 口 曰 甲 田 累 累 累 累 累

LESSON VI

好　　ㄑ ㄑ ㄑ 女 女 好 好

都　　一 十 土 耂 耂 者 者 者 都 者3 都

们　　丿 亻 们 们 们

LESSON VIII

您　　丿 亻 亻' 亻' 你 你 你 您 您 您 您

先　　丿 ㅏ ㅐ 生 生 先

生　　丿 ㅏ 仁 牛 生

太　　一 ナ 大 太

很　　丿 夕 彳 彳 彳 彳 很 很 很

久　　丿 夕 久

见　　丨 冂 见 见

了　　フ 了

- 84 -

忙　　丶　刂　忄　忙　忙　忙

也　　フ　力　也

今　　丿　人　仐　今

天　　一　二　于　天

LESSON IX

中　　丶　口　口　中

海　　丶　冫　氵　氵　汁　汢　海　海　海　海

文　　丶　亠　六　文

山　　丨　屮　屮　山

人　　丿　人

上　　丨　卜　上

叫　　丨　口　口　叫　叫

王　　一　二　干　王

请　　丶　讠　订　讠　讠　讲　请　请　请

北　　　ノ　ｆ　‡　北　北

京　　　丶　亠　宀　亡　古　京　京

吧　　　丶　冂　口　叩　叩　叩　吧

家　　　丶　丷　宀　宀　宀　宁　家　家　家

坐　　　ノ　人　人　从　从　坐　坐

车　　　一　士　车　车

吃　　　丶　冂　口　叮　吃　吃

贵　　　丶　冂　口　中　虫　虫　贵　贵　贵

姓　　　ノ　く　女　女　女　如　如　姓　姓

张　　　っ　コ　弓　引　弘　张　张

有　　　一　ナ　才　冇　有　有

没　　　丶　丶　氵　氵　氾　沒　没

在　　　一　ナ　才　右　右　在

去　　一　十　土　去　去

饭　　丿　亻　亼　饣　饣　饭　饭

问　　丶　亻　门　门　问　问

谁　　丶　讠　讠　讠　讠　讠　讠　谁　谁

早　　丶　冂　冃　日　旦　早

汽　　丶　冫　氵　汽　汽　汽　汽

公　　丿　八　公　公

共　　一　十　艹　艹　共　共

要　　一　宀　冂　両　西　西　更　要　要

那　　丁　刁　刁　尹　那　那　那

几　　丿　几

哪　　丨　冂　口　叮　叮　叼　哪　哪　哪　哪

这　　丶　亠　亍　文　文　这　这

- 87 -

走　　一　十　土　牛　卡　赤　走

起　　一　十　土　牛　卡　赤　走　起　起　起

到　　一　乙　厶　至　至　至　到　到

LESSON XIII

包　　ノ　勹　勺　匀　包

子　　フ　了　子

下　　一　丅　下

大　　一　ナ　大

小　　亅　小　小

菜　　一　十　卄　艹　芒　苎　苹　苹　菜　菜

还　　一　丁　才　不　不　还　还

茶　　一　十　卄　艹　艾　苶　苶　荟　茶

喝　　丨　冂　口　叩　叩　叩　叩　吗　喝　喝　喝

想	一	十	才	木	机	相	相	相	想	想	想	想
个	ノ	人	个									
一	一											
二	一	二										
三	一	二	三									
四	丶	冂	四	四	四							
五	一	丁	五	五								
六	丶	亠	六	六								
七	一	七										
八	ノ	八										
九	ノ	九										
十	一	十										

LESSON XIV

多	ノ	夕	夕	多	多	多
少	丨	小	小	少		

毛　　　ノ　二　三　毛

字　　　丶　丷　宀　宀　字

典　　　丨　冂　冃　冉　曲　典　典

本　　　一　丁　才　木　本

书　　　フ　马　书　书

块　　　一　十　土　圫　圠　块　块

钱　　　ノ　人　仒　仐　全　钅　钅　铁　钱　钱

分　　　ノ　八　分　分

买　　　一　㇕　㇕　㐪　买　买

卖　　　一　十　士　吉　吉　壴　责　卖

是　　　丨　冂　冃　日　旦　早　昰　是

英　　　一　十　艹　艹　苎　茁　英　英

朋　　　ノ　刀　月　月　朋　朋　朋　朋

友	一 ナ 方 友
给	⅃ ㄥ 纟 乡 纠 纵 绐 绐 给
姐	ノ ㄥ 女 女 刘 如 姐 姐 姐
招	一 寸 扌 扌 扣 护 招 招
呼	丨 冂 口 口 口′ 口′ 呼 呼
介	ノ 人 个 介
绍	⅃ ㄥ 纟 乡 纠 纫 绍 绍 绍
工	一 丁 工
夫	一 二 丰 夫
的	ノ 亻 亻 白 白 的′ 的 的
明	丨 冂 月 月 旷 明 明 明
出	丨 屮 屮 出 出

会话第八课　到了北京

王文山在北京火车站等从上海来的他父亲的朋友。　火车进站了，张先生下来了。

王：张先生，您好吗？　欢迎您来北京。
张：喔，文山，好久不见了，我很好，你也好吗？　府上都好吗？
王：他们都好，谢谢。　父亲今天很忙，他不能来。　张太太跟孩子们都好吗？
张：他们也都好，谢谢。
王：好，现在我们走吧。

会话第九课　在北京饭店

张先生跟王文山坐了一部汽车从火车站到了北京饭店。　在服务台前，服务员问他：

服务员：先生，您好？　您贵姓？　哪儿的人？　从哪儿来？
张　　：我姓张，叫中海，今天从上海来，有我的房间吧。
服务员：喔，张先生，请等一等，我看看。　啊！　有，张中海先生，您的房间是四〇
　　　　一。　这是您的钥匙。
张　　：谢谢，这是我的行李。
服务员：（叫人）请把张先生的行李拿到四〇一。　张先生，请您登记。　您有护照跟
　　　　身分证吗？
张　　：我不是从外国来，**没**有护照，这是我的身分证。
服务员：好，谢谢您。　现在请您去休息吧。

会话第十课　看朋友

张先生在旅馆登记以后，文山就带他到他家去吃饭。

家生：啊！　中海，好久不见了，你好。　欢迎你来北京，欢迎你来北京。
文山：欢迎您来我们家。

中海　：谢谢您们请我来府上。　府上都好吗？　王太太呢？　她在哪儿？

家生　：她在厨房预备晚饭呢，她就来。　请坐，请坐。

中海　：您很忙吧？

家生　：很忙，今天我没有去车站接你，真对不起。

中海　：不要客气，不要客气，我知道你忙，文山去了，他帮了我很多忙。

王太太：张先生您好？　府上都好吗？　张太太没有来吗？

中海　：您好，王太太？　我太太很忙，不能来，她问您好。

王太太：饭好了，现在请来吃饭吧。

中海　：谢谢您。

会话第十一课　早上

大清早，张先生在睡觉，电话铃响了。

张　　：谁啊？

服务员：我是服务台，现在七点钟了。

张　　：我知道了，我就起来了，谢谢您。　请问，今天到哪儿去参观？

服务员：去天安门广场跟人民大会堂。

张　　：几点钟出发？

服务员：我不知道。　喔，请您等一等，我问一问····公共汽车八点钟从这儿出发，
　　　　您吃了早饭了吗？

张　　：没有，我现在就去吃。

服务员：您快一点儿去吃吧。

张　　：好，谢谢您。

会话第十三课　在饭堂里

张　　：有位子吗？

服务员：这儿有一个位子。

张　　：请您给我菜单。

服务员：请问，您想吃什么？

张　　：您们有什么？

服务员：有汤面，有稀饭跟小菜，包子，鸡蛋。

张　　：我要一碗鸡丝汤面跟两个包子，还要喝一杯茶。

服务员：好，还要什么？

张　　：不要了，谢谢。

张　　：请给我帐单。

服务员：这是您的帐单，谢谢您，请您再来。

张　　：好，这是三块钱。

服务员：谢谢您，再见。

张　　：再见。

会话第十四课　在一个书店里买东西

张先生：你们有北京地图吗？

店员　：有，您要大张的，还是小张的？

张　　：小张的多少钱？

店员　：三毛钱。

张　　：我还想买两支笔跟一个本子，你们也卖吗？

店员　：卖，您要钢笔还是铅笔？

张　　：一支钢笔，一支铅笔，跟一个小本子。

店员　：还要什么？

张　　：不要了，一共多少钱？

店员　：地图三毛钱；本子四毛五；钢笔一块五；铅笔八分钱，一共两块三毛三，您还
　　　　要什么吗？

张　　：不要了。　喔，那本书是什么书？

店员　：哪本？

张　　：那本红的。

店员 ：那是一本中英字典。

张　　：喔，很好看，怎么这本字典怎么小啊？ 我可以看一看吗？

店员 ：可以，可以，您看吧！ 这是一本袖珍字典。

张　　：喔，我也想买一本，多少钱？

店员 ：这本字典三块钱，现在一共是五块三毛三分钱。

张　　：这是十块钱。

店员 ：谢谢，我找您四块六毛七，请您再来，再见。

张　　：再见，再见。

会话第十五课　晚会

　　王文山跟张中海一块儿去一个晚会，那个晚会是在一个朋友家举行。 他们到了那个朋友家的时候，有很多人已经来了。 一个很高很好看的小姐走出来招呼他们，她就是主人钱小姐。

钱小姐：喔，文山，好久不见了，你好？ 欢迎，欢迎。 这位是你的朋友吗？

文山 ：是。 我来给你们介绍，介绍，这位是钱爱华小姐，这儿的主人。 这位是张
　　　　中海先生，我父亲的朋友，刚从上海来。

钱　　：欢迎您，张先生，您能来好极了，王先生跟王太太怎么不来？

文山 ：他们等一会儿就来，父亲叫我陪张先生先来。

钱　　：张先生，我来给您介绍家父。 爸爸，这是王先生的朋友，张先生。 您们坐
　　　　下谈谈吧。 文山跟我来，去看看年轻的朋友吧。

文山 ：爱华，你好吗？ 怎么近来在学校里没有看见你啊？

钱　　：功课太忙了。

文山 ：你有时候也去看电影吗？

钱　　：喔，好久没看了。

文山 ：这个礼拜六我想请你去看电影，好吗？

钱　　 ：谢谢你，可是我不知道我有没有工夫。　明天你再打电话来问我，好吗？

文山　 ：好，我明天给你打电话。　我希望你能去。

钱　　 ：我也希望我能去。　现在，我们去找朋友们吧。

CHINESE
for Advanced Beginners

Chinese for Advanced Beginners

TABLE OF CONTENTS

Syllables:

dui   kao   kong   pian   tong   yong

VOCABULARY:

dì-èr	second
zhèng zài	just at this moment
wǎnshàng	evening
huíjīa	to return home (huí-to return to a place; to be used with lái or qù meaning to come back or to go back)
zúotian	yesterday
wǎn	late
wár	to play, to enjoy, to have fun
tòngkùai	to one's heart's content
rènshi	to know; to recognize
mǔqin	mother
gāoxìng	happy
dùile	correct
shūo	to say
shūohùa	to talk
yǒu yìsijíle	most interesting
yìsi	meaning; idea
xúewèn	knowledge
yǒu xúewèn	knowledgeable
tīngshūo	hearsay
dàxúe	college
jīaoshū	to teach (lit. teach books)
yóulì	to tour, to visit a place leisurely
tóngxúe	schoolmate
yǐqían	before, previously
láiguo	to have been to
gùo	over, to pass over
shì	matter, affair, work, job
ní zěnmo shūo-a?	How do you say? (everyday phrase)
pìanzi	film
kòngpà	for fear of, be afraid of
yīnwèi	because, on account of
kǎoshì	examination, test
xīe	to write
bàogào	report

jiāo	to hand in
jiāo gěi	to hand over to
yǐhòu	later, afterward
yònggōng	be studious
búguò	not more than; however
zhōngtóu	clock hour (the measure for 'zhōngtóu' is 'gè')
háishi qùba!	Let us still go!
dōngxi	things ('dōng' means 'the east'; 'xī' means 'the west'; together it means 'things')
huì (Aux. verb)	know how

CONVERSATION:

dì-èr tīan Qían Àihúa zhèng zài chī zǎofàn, Wénshān jìu dǎ dìanhua láile.

Wénshān: wài, Àihúa, zǎo. ní yǐjing qǐlaile ma?	Hello, Àihúa, Morning! Are you already up?
Àihúa: zǎo. wó zǎo jìu qǐlaile. zúotian wǎnshang húijia bú tài wǎn ba?	Morning! I've been up for a long time. (I guess,) you did not return home too late last night?
Wénshān: bùwǎn. zúotīande wǎnhui zhēn hǎo. wó wárde zhēn tòngkuai. hái rènshile bùshǎo péngyou. wǒ fùqin mǔqin yě wárde hén gāoxìng.	No, not late. Last night's party was really good. I enjoyed a great deal. I also met a lot of friends. My parents also enjoyed very much.
Àihúa: dùile. bàba shūo, nǐmende péngyou, Zhāng Zhōnghǎi hén yǒu xúewen. gēn tā shūohùa yǒu yìsi jíle. tīngshuo, tā zài Shànghǎi jīaoshū. xìanzai lái Běijīng yóuli, shìma?	Right. Dad said, your friend, Zhāng Zhōnghǎi is very knowledgeable. Talking with him is most interesting. I heard that he teaches in Shànghǎi. Now, he came to Běijīng to visit. Is that right?
Wénshān: dùile. tā shi fùqin dàxue shíhoude tóngxúe. yǐqian méiyou láiguo Běijīng. xìanzai lái Běijīng yóuli, yóuli. Ah, Àihúa, zúotian wǎnshang wǒ yào qíng nǐ kàn dìanyingde shì, ní zěnmo shūo-a? zhèige lǐbaide dìanying hén hǎo. hén dūo rén kànguole dōu shūo hǎojíle.	Right. He was my father's classmate at college. Previously, he has not been to Běijīng. Now, he came to tour the city. Ah, Àihúa, What do you say to my invitation last night to the movies? This week's movie is very good. A lot of people saw it. They all said, it was terrific.

Aìhúa: wó yě tīngshuo zhèige piānzi hén hǎo. búguo zhèige lǐbailìu wó kǒngpa bùneng péi nǐ qù yīnwei wǒ yào kǎoshì hái yào xiě liǎngge bàogào.	I also heard that this film was very good. But I am afraid I can't go with you this Saturday because I have tests and I have to write two reports.
Wénshān: nǐ shénmo shíhou kǎoshì? něitian jiāo bàogào?	When do you have tests? When are the reports due?
Aìhúa: liǎngge lǐbai yǐhòu.	Two weeks later.
Wénshān: liǎngge lǐbai yǐhòu! nǐ xiànzai jiù yùbei! zhēn yònggōng. qù kàn diànyǐng búguo liǎng-sānge zhōngtóu. háishi qù ba.	Two weeks later! And you are preparing them now! You are really studious. To see a movie only takes two or three hours. Let's still go.
Aìhúa: zhēnde bùneng qù. lǐbailìu wǒ hái yào péi wǒ mǔqin qù mǎi yìdiǎr dōngxi. zài guò liǎngge lǐbai wǒ gen nǐ qù. hǎo ma?	I really cannot go. On Saturday I have to go shopping with my mother. I will go with you after two weeks. Is it all right?
Wénshān: hǎoba, hǎoba, wǒ zài géi nǐ dǎ diànhùa. zàitán.	All right, I'll telephone you again. We'll talk again.

PATTERN DRILL:

dì-èr tīan (the second day)   Add particle 'dì' to any cardinal number
                          to make it into an ordinal number:

      dì-yī, dì-èr, dì-sān, dì-sì etc.

    (the first, the second, the third, the fourth, etc.)

         dì-yī bēi chá   (the first cup of tea)

         dì-èr gè rén   (the second person)

         dì-sì běn shū   (the fourth book)

         dì-bā zhī qiānbǐ (the eighth pencil)

      jīntian shi dì-yī tīan wǒmen qù tīananmen cānguan.

    (Today is the first day that we go to visit the Gate of the

    Heavenly Peace.)

      tā shi dì-yī ge kèren. (He is the first guest.)

      zhèshi wǒ mǎide dì-sì ben shū.(This is the fourth book I bought.)

zhèng zài (just at this moment)

         Aìhúa zhèng zài chī fàn.(Aìhúa is eating.)

         Wénshān zhèng zài kàn shū.(Wénshān is reading.)

         Zhōnghǎi zhèng zài dēngjì.(Zhōnghǎi is registering.)

wǒ wárde tòngkùai (I enjoy myself fully.)   verb plus 'de' plus 'adverb'
      Wénshān wárde hěn tòngkùai.(Wénshān enjoys to his heart's content.)
      Àihúa chīde tài shǎo. (Àihúa eats too little.)
      wǒmen tánde zhēn gāoxìng. (We had a lot of fun talking.)
      háizimen wárde hǎojíle. (The children played extremely well.)
wǒ rènshi Wénshān (I know Wénshān.)

      zài wǎnhui wǒ rènshile hěnduo péngyou.(At the party,I made
                    many friends.)
      nǐ rènshi nèige rén ma? (Do you know that person?)
      wǒ rènshi tā kěshi tā bú rènshi wǒ.(I know him but he doesn't
        know me.)
shūo (to say,to speak,to be used before a quotation)
      wǒ shūo,"wǒ jīntian bùneng qù." (I said,"I cannot go today.")
      māma shūo,"jìao Wénshān lái chīfàn.(Mother says,"Tell Wénshān
              to come and eat.")
shūohùa (to speak,to talk,not to be used before a quotation)
      wǒ gen Àihúa shūohùa bù gen Wénshān shūohùa.
      (I talk to Àihúa not to Wénshān.)
      qíng nǐmen dōu búyao shūohùa. (Please don't talk.)
shūo.....hùa (to insert the specific dialect or language in between
           'shūo' and 'hùa')

      shūo Zhōngguo hùa.(Speak Chinese.)
      shūo Shànghai hùa.(Speak Shànghǎi dialect.)
      shūo Yīngguo hùa.(Speak English.)
      Wénshān hùi shūo Zhōngguo hùa yě hùi shūo Yīngguo hùa.
      (Wénshān can speak Chinese;(he) also can speak English.)
      wǒ bú hùi shūo Shànghǎi hùa.(I don't know how to speak Shànghǎi
                  dialect.)
de (as a link between a group of adjectives and the noun which they
   modify)
          hěn hǎode shū (very good book)
          dà zhāngde dìtú (large map)
          bú tài hǎochīde cài (not too tasteful food)
          Qían Àihúa jīade wǎnhùi (the party at Àihúa's house)
          wǒ fùqinde péngyou (my father's friend)
yǐqían (previously;before)
yǐhòu (later;after)   These time words are placed at the end of the
          subordinate clause rather than at the beginning:

chīfan yǐqian tā kàn shū.(Before he eats,he reads.)

chīfan yǐhou tā zǒule. (After he ate,he left.)

Zhōnghǎi qù Tiananmen cānguan yǐqian tā qù fàntáng chī zaǒfàn.

(Before Zhōnghǎi goes to visit the Gate of the Heavenly Peace,
he goes to the dining hall to eat breakfast.)

Wénshān húi jīa yǐhou gěi Aīhúa dǎ dìanhùa.

(After Wénshān came home,he telephoned Aīhúa.)

However, when 'yǐqian' is used as 'previously' it stays at the beginning
of the sentence:

yǐqian tā méiyou láiguo Běijing.

(Previously he's never been to Peking.)

yǐqian tā méiyou chīguo Zhōngguo fàn.

(Previously he has not had Chinese food.)

And 'yǐhou' as 'afterwards' stays also at the beginning of the sentence:

tā shuōhua hěn bú kèqi.yǐhou wǒ bú qù tā jīale.

(He was very rude.From now on,I won't go to his house
any more.)

yǐhou qíng nǐ lái wǒjia wár.

(Please visit our home from now on.)

yǒu yìsi (interesting;amusing;cute)

zhèige rén hén yǒu yìsi.(This person is interesting.)

nèiben shū méiyou yìsi.(That book is boring.)

Wángtàitaide háizi zhēn yǒu yìsi. (Mrs. Wáng's child is
really cute.)

yìsi (meaning;idea)

wǒ bù zhīdao tā shénmo yìsi. (I don't know what he means.)

tāde yìsi hén hǎo. (His idea is very good.)

qù gùo (has been to) ('verb'plus 'gùo' to indicate having experienced)

yǐqian nǐ qù gùo Zhōngguo ma? (Have you been to China
before?)

wǒ méiyou kàn guo Zhōngguo dìanyǐng.

(I have not seen any Chinese movie yet.)

nǐmen qù gùo Wénshānde jīa ma?

(Have you been to Wénshan's house?)

nǐ hái méi chī gùo Wángtàitaide cài ma?

(haven't you tasted Mrs. Wáng's dishes yet?)

gùo lái (to come over)

qíng nǐ gùo lái kàn zhèiben shū.(Please come over to
see this book.)

Zhāng xiānsheng, qǐng nín guò lái dēngjì.

(Mr. Zhāng, please come over to register.)

guò qù (to go over)

qǐng nǐ guò qù bāng tā máng. (Please go over to help him.)

wǒ guò qù ná nèiben shū. (I go over to fetch that book.)

EXERCISES:

I. Translate the conversation line by line without referring to the
English translation.

II. Without referring to the Pīnyīn, repeat the conversation in Chinese
with the help of the English translation.

III. Two students to recite the entire conversation in front of the class.

IV. Translate the following sentences into English:

1. zhèishi wǒ zài nèige shūdian mǎide dì-sìben shū.

2. dì-yī tiān wǒmen cānguānle Běijing dàxue, dì-èr tiān wǒmen cānguānle
Rénmin Dàhuìtáng.

3. tā lái wǒ jiāde shíhou, wǒ zhèng zài chīfan. wǒ qǐng tā zuòyizuo.

4. fúwuyúan gěi Zhāng xiānsheng dǎ diànhùa. Zhāng xiānsheng zhèng zài xiūxi.

5. zuótian tā méiyou lái xúexiào yīnwei tā méiyou qǐlai.

6. jīntian Wénshan zài péngyou jiā chīfan; chīde hěn tòngkùai; wárde hěn
gāoxìng.

7. nǐ shūo dùile. wǒ shì xìng Zhāng, jiào Zhōnghǎi.

8. zài dàxueli wǒmen yǒu hěnduo tóngxue. yǒu hěnduo shì wǒmende péngyou,
yě yǒu hěnduo búshì.

9. Zhōnghǎi shì Jiāshengde tóngxúe búshi wénshānde tóngxúe.

10. yǐqian wǒ dào zhèr láide shíhou, Zhōngguorén bú tài dūo, xiànzai dūole.

11. dàole wǎnhui yǐhou, Wénshān gen péngyoumen tánhùa.

12. rén rén dōu xíang yǒu xúewen, kěshi búshi rén rén dōu yǒu xúewen.

13. Jiāshēngde yìsi shi jiào Wénshān xiān qù wǎnhùi.

14. zhèiben shū tài méiyou yìsi, wǒ bù xǐang kànle.

15. xúeshēngmen dōu hùi shūo yīngwen kěshi hěn shǎo rén hùi shūo Zhōngguo
hùa.

16. tā hùi shūo Zhōngguo hùa yě hùi shūo Yīngguo hùa.

17. wáng xiānsheng zhèng zài gēn Qían Àihúa shūohùa.

18. wǒ tīngshuo Běijing hǎo wárjíle. wǒ zhēn xǐang qù kànkan.

19. tīngshuo, Wénshān xíang qǐng Àihúa qù kàn diànyǐng.

20. zhèige lǐbàide nèizhāng piànzi bù hěn hǎokàn. wǒmen búyao qùle.
déng yǒu hǎo piànzi zài qùba.

21. wǒ zhēn xiǎng dào nǐjia lái kàn nǐ. búguo jīntian wǒ tài mángle.
    xìalǐbai wǒ zài lái kàn nǐ ba.
22. zhèi liǎng tīan wǒde shì tài dūo. xìalǐbàide kǎoshì kǒngpa kǎo bùhǎo.
23. wǒ jīntian xǐele yìtīande bàogào. yě méiyou shíhou chī zhōngfan.
24. Zhōnghǎi qǐng Wénshān bǎ Bēijing dìtú jīaogei Jīashēng.
25. Àihúa shūo, liǎngge lǐbai yǐhou tā yào jǐao bàogào.
26. Àihúa shi yíge hěn yònggōngde xúesheng.
27. zhèiben shū búguo sì kùai qían; nǐ yě mǎi yìben ba.
28. Wénshān chīle búguo yìwǎn fàn.
29. zhèr búguo yǒu shíliùge xúesheng.
30. wǒ xiǎng mǎi yìdiar dōngxi, kěshi bù zhīdao mǎi shénmo hǎo.
31. zhèige shūdìanli yǒu hěn dūo shū búguo méiyou wǒ xiǎng mǎide nèiben
    zìdǐan.
32. jīntian tài wǎnle. wǒmen zài tán ba.
33. Wénshān xiǎng gēn Àihúa tánhùa kěshi Àihúa méiyou gōngfu.
34. Zhōnghǎi gēn Jīashēng tánle hěnduo shíhoude hùa. tāmen tánde hěn
    tòngkùai.
35. tā yǐqian méiyou kàn gùo Zhōngguo dìanyǐng. jīntian tā kànle, shūo
    hén hǎo.

V. Translate the following sentences into Chinese:

1. The first day I went to her house, she was not home. Her mother said,
   "I am sorry, she isn't home. Please come tomorrow."
2. When we arrived at Wénshān's house, they are just eating dinner. Mrs.
   Wáng asked us to sit down to eat dinner with them.
3. Yesterday my friend and I went to see a movie. That film was excellent.
   We enjoyed it very much.
4. Who is that good-looking young lady? Is she your school-mate?
5. Do you know how many Chinese students are here in our college?
6. Previously I have not been to China.   I would like very much to go
   there to visit.
7. After Zhōnghǎi registered at the service desk, he went to rest.
8. Before Zhōnghǎi went down to the dining hall to eat breakfast, he
   telephoned the clerk.
9. My father's friend Mr. Wáng is a very learned man.
10. I am reading an interesting book. After I read it, would you also like
    to read it?
11. Àihúa does not want to talk to Wénshān because she is very busy.
12. Does Mrs. Wáng know how to speak English?

13. I heard that Zhōnghǎi was inviting Jiāshēng, his wife, and Wénshān to dinner. Did he also invite you?

14. When you have (leisure) time, you must go to China to visit. (to tour around.)

15. This student is very studious. He doesn't eat dinner; he doesn't go to the movies; he doesn't talk; he just reads **books**.

16. I am afraid that she cannot come, because she was not home when I telephoned her.

17. Did you hand over the money to Mrs. Wáng?

18. I would like to eat something, because I didn't eat breakfast.

NEW CHARACTERS:

第	(dì)	a particle	现在	(xiàn zài)	now
晚	(wǎn)	late	位	(wèi)	'measure'
会	(huì)	meeting;party;know how			for persons (polite form)
说话	(shūo huà)	to talk			
学	(xúe)	to learn			
意思	(yì sī)	meaning;idea			
父亲	(fùqīn)	father			
母亲	(mǔqīn)	mother			
教	(jīao)	to teach			
因为	(yīn wèi)	because			
跟	(gēn)	and;with			

CHARACTER COMBINATIONS:
第一 晚会 父母亲 说话 意思 学生 教书 一会儿 因为 现在

READING SELECTION:

1. 今天的晚会，他们请你了吗？ 你想去吗？

2. 文山会说中国话，不会说英国话。

3. 今天钱小姐的父母亲都不在家，请你明天来。

4. 我问她，"你的父母亲都在上海吗？" 她说，"家父在上海，家母现在不在上海，她在北京，她去北京看朋友了。"

5. 那个晚会很没有意思，我们坐了一会儿,文山说，"我们走吧"。

6. 张中海先生在上海的一个大学教书。 那个大学有很多学生，有很多学生学英文，也有很多学中文，还有人学英文也学中文，他们都是好学生。 他们说，"张先生是一位好先生，他很会教书。"

7. 钱小姐因为不想跟文山出去，她说，她很忙。

8. 今天我买了一本书，这本书是一块五毛钱，这本书很有意思。 一会儿，我还想去买一本书。

9. 钱太太问我，"你的父亲也在大学教书吗？"我说，"是，家父在北京大学教英文。""你也是他的学生吗？" 我说，"不是，我不学英文，我学中文，我不要跟我父亲学英文因为我是他的儿子，我学不好，他会骂我。 我不想他骂我。"

10. 一天晚上，文山到一个晚会去，在那儿，他看见很多朋友，他跟他们一起说话，一起吃饭，吃了很多菜，喝了很多茶，说了很多话，他们说到很晚。 第二天早上，文山没有起来，他没有吃早饭，也没有上学，他在家，他很累，他也不想看书，他还想那个晚会跟他的朋友们。

LESSON XVIII   ON A BUS

New syllables:

chang	dei	piao	qiu	shui	yang	zhu
cheng	ding	ping		su		
chun						

Vocabulary:

Běijing dàxúe	Peking University
màipiaoyúan	ticket seller
pìao	ticket
lí	distance from
Běi-dà	(the abbreviation for Běijing dàxúe)
yǔan	far
jìn	near
chénglǐ	inside of the city(chéng - city wall)
chéngwài	outside of the city
chàbudūo	almost
yīnglǐ	mile (lit. English mile)
fēnzhōng	minute (as dǐanzhong is o'clock;fēnzhong is minute.)
yǒu shíhou	sometimes
shàng chē	to board a vehicle
zhù	to live,to stay
dàochù	everywhere
hǎowárde	pleasurable,fun
dìfang	place
hǎojǐge	quite a few
Qīnghúa	name of a famous university
Shīfàn	Teachers' College
Rénmín dàxúe	People's university
Kēxúeyùan	The Science Institute
kēxúe	science
yùan	Institute or college
chúle...yǐwài	aside from,besides('yǐwài' is often omitted. e.g. 'chúle shū' or'chúle shū yǐwài')
zhídekàn	worth seeing
gōngshè *	commune
Sìjiqīng	name of a Chinese commune,Evergreen
sìjì	the four seasons
qīng	green(color)

- 10 -

zhòng	to plant
yì xīe	some
gù-míng-sī-yì	a Chinese saying meaning 'One gets the meaning from the title.'
cháng	often
shúiguǒ	fruit
qīngcài	vegetable
chūn	spring
xìa	summer
qīu	autumn
dōng	winter
yòu.....yòu....	not only....but also
xīhóngshì	tomato
dàde gen...yíyàng	as big as..(yíyàng - the same)
píngguǒ	apple
yídìng	definitely
nà	in that case
děi	must
gàosu(or gàosung)	to tell
qíantou	in front of; ahead
shítou	stone
shīzi	lion
dàmén	big gate, main entrance
jíuohi	indeed
xìachē	to get off from a vehicle

* commune   A commune is a self-sufficient basic agricultural unit in China where, depending upon conditions, industry is also introduced and developed. Members of a commune engage in agricultural production for their own consumption and for delivery to the State, and manage their own affairs.

CONVERSATION:

yì tīan, Zhāng Zhōnghǎi zùo gōnggongqìche dào Běijing dàxue qù kàn péngyǒu. tā zài gōnggongqìche shàng gen màipiaoyúan tánhùa.

Zhāng: yìzhang pìao dào Běijing dàxue. dūoshao qían?	One ticket for Peking university. How much?
màipiaoyúan: sān máo qían.	Thirty cents.
Zhāng: qǐng wèn, zhèr lí Běi-dà yúan ma?	May I ask you, is it far from here to Peking University?

- 11 -

MPY: bù yuǎn, kěshi yě bù hěn jìn. wǒmen zài chénglǐ; Běi-dà zài chéngwài. lí zhèr chàbuduō shí-èr, shí-sān yīnglǐ.

Not far but also not too near. We are in the city, Peking university is in the suburb.   It is almost twelve or thirteen miles.

Zhāng: zhèr lí Běi-dà jiù yǒu shí-èr, shí-sān yīnglǐ ma? nà bu yuǎn-a! gōnggongqìche yào zǒu sì-shí wǔ fēnzhong ba?

From here to Peking U. is it only twelve or thirteen miles? That is not far. Does it take forty-five minutes by bus?

MPY: chàbuduō. yǒu shíhou, shàngchēde kèren shǎo, sì-shí fēnzhōng jiù dàole. nín zài Běi-dà jiāo shū ma?

Just about. Sometimes when fewer passengers board the bus, it takes only forty minutes. Do you teach at Peking University?

Zhāng: bù, wǒ shi qù kàn péngyou. wǒ zài Shànghǎi jiāo shū. xiànzai lái Běijing wár.

No. I am going to see a friend. I teach in Shanghai. Now, I am here in Peking for pleasure.

MPY: hǎojíle. xīwang nín dūo zhù jǐ-tiān, dàochu wár war.

Marvelous. I hope, you stay a few more days and tour around.

Zhāng: zhèr háiyou shénmo hǎowárde dìfang ma?

Are there any other places worth seeing?

MPY: yǒu hen dūo. lí Běi-dà bù yuǎn háiyou hǎojǐge dàxué: Qīnghúa, Shīfàn, Rénmín háiyou Kēxuéyuàn. dōu hěn dà. xuésheng dōu hen dūo.

There are a lot. Not far from Peking university there are more universities Qīnghúa, the Teachers' College, Peoples University and The Science Institute. All are very big and have many studen

Zhāng: chúle xuéxiao yǐwài, háiyou shénmo zhídekànde dìfang ma?

Besides universities, are there any other places worth seeing?

MPY: a-yǒu. yǒu yíge rénmin gōng-shè jiào Sìjìqīngde, yé hěn zhí-dekàn.

Ah, yes. There is a people's commune called Evergreen (lít. Green in four seasons) It's also worth seeing.

Zhāng: nèige gōngshe dōu zhòngxie shénmo?

What does that commune grow?

MPY: 'Sìjìqīng'- gù-míng-sī-yì jiù zhīdao shì sìji cháng qīngle. tā-ménde shúiguo gen qīngcai, chūn, xià, qīu, dōng, sìji dōu yǒu. yòu dà, yòu hǎo. nèrde xīhongshì dàde gen píngguo yíyàng. zhēn hǎojíle.

'Evergreen'- One gets the meaning from the title. Then you know that it is green all year round. They have fruits and vegetables in all four seasons: spring, summer, autumn and winter. (They are) not only big but also good. Their tomatoes are as big as apples. Really terrific.

Zhāng: ou,nà wǒ yídìng děi qù kànkan.   Oh,then I must go there to take
　　　　xièxie nín gàosu wǒ.   a look. Thank you for telling me.
MPY: bú xiè. xiānsheng,nín kàn qián-   Don't mention it. Sir,look at the
　　　tou yǒu liǎngge shítou shīzide   red gate with the two stone lions
　　　hóng dàmen jiushi Běijing dàxue.   in front of us. It is the Peking U.
　　　nín xià chē ba. zàijiàn.   Please get off here. Good-bye.
Zhāng: xièxie nín. zàijiàn.   Thank you. Good-bye.

PATTERN DRILL:
lí (distance from)   Běi-dà lí zhèr bù yuǎn
　　　　　　　　　　　　　(It is not far from here to Peking U.)

　　　wǒ jīa lí Wáng jīa hěn jìn.(It is very near from my house to the
　　　　　　　　　　　　　　　　　　　　　　Wángs.)
　　　nǐ jīa lí xuéxiao yuǎn ma?(Is it far from your house to the school?)
　　　wǒ jīa lí xuéxiao jiù yǒu sān lí.(The distance between my house
　　　　　　　and the school is only three miles.)
shàng chē (to board a vehicle,lit. to mount a vehicle)
　　　　qǐng nín shàng chē ba. (Please board the vehicle.)
　　　　qǐng nín zài zhèr shàng chē ba. (Please board the vehicle here.)
　　　　gōnggong qìche yào zǒu le. qǐng nín shàng chē ba.
　　　　(The bus is about to leave. Please board the bus.)
shàng xúe (to go to school)
　　　　tā jīntian bùxiǎng shàng xúe.(He does not feel like going to
　　　　　　　　　　　　　　　　school today.)
　　　　wǒ tīan tīan shàng xúe dōu zùo gōnggong qìche.
　　　　(Everyday I take the bus to school.)
xià chē (to get off a vehicle)
　　　　Tīananmen dàole,qǐng nín xià chē ba. (We have arrived at the
　　　　　　　　Gate of the Heavenly Peace. Please get off.)
　　　　qǐng nín zài qíantou xià chē. (Please get off in the front.)
xià xúe (to get off from school)
　　　　wǒmen sān diǎnzhōng xià xúe.(We get off from school at three
　　　　　　　　　　　　　　　　o'clock.)
　　　　nǐmende xúexiao jí diǎnzhōng xià xúe? (At what time does your
　　　　　　　　　　　　　school finish?)
chúle shū yǐwài (besides books)
　　　　chúle shū yǐwài,wǒ hái yào mái liǎng zhī gāngbǐ.
　　　　(Besides books,I also want to buy two pens.)

- 13 -

chúle xiānshēngmen yǐwài,háiyou sān wèi tàitai.
(Besides the gentlemen,there are three ladies.)
chúle gōngshè,zhèr háiyou shénmo zhídekànde dìfang ma?
(Besides the commune,are there any more places worth seeing?

yòu....yòu.... (not only but also)
tāmende píngguo yòu dà yòu hǎo.(Their apples are not only big
                                  but also good.)
nèige xuésheng yòu yònggōng yòu hǎo. (That student is not only
                  hardworking but also good.)
Qían Àihúa yòu gāo yòu hǎokàn.(Qían Àihúa is not only tall
                                  but also good-looking.)

dàde gen.....yíyàng (as big as...)
tāmende xīhongshì dàde gen píngguo yíyàng. (Their tomatoes are
           as big as apples.)
wǒde fángjīan xiǎode gen Wénshānde (fángjīan) yíyàng.
(My room is as small as Wénshān's.)

qíantou (in front of; ahead)
tā zuò zài wǒde qíantou.(He sits in front of me.)
nǐde qíantou yǒu shéi? wǒ bú rènshi wǒ qíantoude rén.
(Who is in front of you? I don't know the person in front of me.)
zuò zài Àihúa qíantoude shi Wénshān ma? búshì.
(Is the person in front of Àihúa Wénshān? No.)
qíantou jìu shi Sìjìqīng rénmin gōngshè. wǒmen dàole.
(Ahead is the Evergreen commune. We have arrived.)

hòutou (behind; in back of)
zuò zài Wénshān hòutóude nèiwei xiǎojie nǐ rènshi ma?
(Do you know the young lady who sits behind Wénshān?)

méiyou rén zuò zài wǒde hòutou. (Nobody sits behind me.)

shàngtou (on top of; above)
shū shàngtou yǒu shénmo? (What is on the top of the book?)

gōnggong qìche shàngtou yǒu hěn dūo rén.
(There are many people on board the bus.)

Wáng tàitaide jīa zài shān shàngtou.
(Mrs. Wáng's house is on the top of the mountain.)

xìatou (at the bottom;underneath)
shū xìatou méiyou dōngxi.(There is nothing underneath the book.)
shéi zhù zài shān xìatou? (who lives at the bottom of the moun-

tain?)

lǐtou (inside)

        tāmen dōu bú zài lǐtou. (None of them are inside.)

        Wénshān jìnlai zài xúexiao lǐtou méiyou kànjian Àihúa.

        (Lately Wénshān has not seen Àihúa in the school.)

        kèrén dōu zài lǐtou chīfan. (The guests are all eating

                                      inside.)

wàitou (outside)

        hěnduo rén zài wàitou kàn tāde mǎ.

        (A lot of people are outside looking at his horse.)

        kèren dōu zài lǐtou. méiyou rén zài wàitou.

        (The guests are all inside. No one is outside.)

nà (in that case)

        nà wǒ yídìng děi qù kànkan.

        (In that case, I must go and take a look.)

        nǐ shūo nǐ jīntian tài máng. nà wǒ jìu bù lái kàn nǐ le.

        (You said that you were too busy today. In that case,

        I won't come to see you at all.)

EXERCISES:

I. Translate the conversation line by line without referring to the

   English translation.

II. Without referring to the Pīnyīn, repeat the conversation in Chinese

   with the help of the English translation.

III. Two students to recite the entire conversation in front of the class.

IV. Read the following sentences and translate into English:

   1. Wáng xīansheng bú zài jīa. tā dào wàitou qùle.

   2. xīansheng, wǒmen jìu yào chūfāle. qǐng nín shàngchē ba.

   3. Àihúa jīntian méiyou lái shàngxúe yīnwei tā zǎoshang méiyou qǐlai.

   4. Wáng tàitai zhù zài shān shàng ma? wǒ bùzhīdao.

   5. háizimén zài nèige shān shàng wár. tāmen wárde zhēn gāoxìng.

   6. jīntian wǒmen dōu qù kàn diànyǐng. shéi xīan qù mǎi pìao?

   7. Wénshān shūo, tā bùnéng qù kàn diànyǐng yīnwei tā jīntian méiyou qían.

8. nǐde jiā lí xuéxiao yuǎn ma? yǒu duōshao lǐ?

9. wǒmende xuéxiao bú zài chéngwài, zài chénglǐtou.

10. Wénshānde jiā zài chéngwàitou yíge xiǎo shānshang. lí xuéxiao yuǎn jíle.

11. Jiāshēng tiāntian qù jiāo shū, yǒushíhou zuò gōnggong qìche; yǒushíhou bú zuò.

12. qǐng nǐ bāng wǒ dàochu kànkan yǒu méiyou wǒde shū.

13. jīntian Wáng tàitaide háizi láile. tā zhēn hǎowár.

14. wǒ bùzhīdao Jiāshēng zhù zài nǎr. nǐ zhīdao ma? tīngshuō, tā zhùzai chéngwài shānshang, duì ma?

15. zhèige dìfang lí xuéxiao tài yuǎnle. zuò gōnggong qìche yào yíge zhōngtou ba?

16. sìji jiù shi: chūn, xià, qiū, dōng.

17. chúle shū yǐwài, wǒ hái yào mǎi yì zhāng dìtú, yìben zìdǐan gen sānge běnzi.

18. Zhōnghǎi zài Shànghǎi jiāli, zhòngle hěn duō qīngcài gen shúiguǒ.

19. tā tiāntian yào chī shúiguǒ gen qīngcài.

20. chúle jīsitāngmian, nǐ hái xiǎng chī shénmo?

21. nǐ xiǎng, zhèige lǐbàide piànzi zhíde kàn ma?

22. zhèige dìfang, chūntiande shíhou zhòng qīngcài; qiūtiande shíhou zhòng shúiguǒ.

23. màicàide rén yǒu mài shúiguǒ yǒu mài qīngcài. wǒ dōu yào mǎi yìdǐar.

24. nǐ yào chī xīhongshì ma? búyào. wǒ yào chī qīngcài gen jī. hái yào hē chá.

25. zhèige píngguǒ zhēn dà. wó yé xiǎng mǎi jǐge.

26. dàmen wàitóude nèi liǎngge shítou shīzi bù yíyàng.

27. tā gàosu nǐ tā jīntian bùlái ma?

28. xiānsheng gàosu wǒmen xià lǐbai yǒu kǎoshì. wǒmen děi yùbèi.

29. zhèi běn shūde xiàtou yǒu yì zhī bǐ. shi nǐde ma?

30. zhèige dìfang yǒu tài duō shítou, bù háo zǒu. wǒmen dào nèr qù ba.

V. Say the following sentences in Chinese:

1. I want to buy four tickets. How much for each ticket? How much all together?

2. Where do you want to go, Sir? Please buy a ticket.

3. May I ask you, is it very far from here to the Gate of the Heavenly Peace?

4. How many miles are there between here and Beijīng University?

5. Please get on the bus. We are leaving now.

6.How long does it take to get to the Great Hall of the people? About
   ten minutes.
7.Is the Great Hall of the People near the Plaza of the Gate of the
   Heavenly Peace? The Great Hall of the People is at the Plaza of
   the Gate of the Heavenly Peace.
8.Sir,are you here in Běijīng for pleasure? I hope you stay a few more
   days to tour around.
9.What time is it now? It is almost eight o'clock. Are you going
   to eat dinner?
10.Where do you live? In the city or in the suburb?
11.Běijīng is really an interesting place. There are many things worth
   seeing.
12.We do not live in China. Wénshān and Àihúa live in China.
13.In our college,are there any foreign students besides the Chinese
   students?
14.Is this book worth buying? Are you going to buy one?
15.I have never been to a Chinese commune. Have you?
16.In the spring,what do you want to plant? Vegetables.
17. He does not want to eat any dinner. He only wants to eat some fruit.
18. Little children often do not eat vegetables.
19. Have you eaten tomatoes which are as big as apples?
20.This student is as hardworking as the other one?
21.Is the pencil underneath my book yours?
22.Who is that person outside the school? Do you know him?
23. Wénshān did not see Zhōnghǎi in room 401. He does not know where
    Zhōnghǎi is.
24. Sir,please get off in front of the red gate.
25.Where are the stone lions? They are in front of Běijīng university.
26.Someone told me Mrs. Wáng planted a lot of vegetables and fruits.
27.Where did Zhōnghǎi go to see a friend? Běijīng University.
28.Where was he talking to the ticket-seller? On board the bus.
29.What are you going to eat for dinner tonight?
30.Tonight,I would like to eat chicken noodle soup,dumplings,rice,
   vegetables,fruit and drink a few cups of tea.
31.Won't you eat anything? No, I do not feel like eating.
32.This morning I did not have time to eat breakfast. Now,I feel like
   eating a lot of things.

NEW CHARACTERS:

里头	(lǐ tóu) inside		东西	(dōngxī) east west; thing	
外头	(wài tóu) outside		远	(yuǎn) far	
玩儿	(wár) to play, to have fun		近	(jìn) near	
青	(qīng) blue, green		城	(chéng) city	
季	(jì) season		离	(lí) distance from	
住	(zhù) to live, to stay		四季青	(Sì jì qīng) Evergreen	
从	(cóng) from		里	(lǐ) mile	
			得	(děi) must, to have to	
			得	(dé) to obtain	

READING SELECTION:

1. 文山的家住在城里头一个小山上离大学很远，他天天上学得坐很久公共汽车。 有一天文山在公共汽车上看书，到了大学他没有下车，他晚到了。

2. 有一天文山在大学里看见了一个很好看的小姐，她姓季叫文英。 文山想请她到家里来吃饭，他说，"我今天买了三本英文书，很有意思。 你到我家来看，好吗？ 我还想请你吃晚饭，你有工夫吗？" 文英想了一想说，"我今天还得去看一个朋友，明天我来好吗？" 文山说，"好吧，明天见吧。"

3. 外头有一个人叫中海，中海出来了，他看见文山跟一个朋友，文山给他们介绍。 文山的朋友姓马，他的家也在上海，现在来北京玩儿。 他住在王家，中海说，"你在上海上学吗？" 马先生说，"是，上中山大学。" 中海说，"你也在中山大学吗？ 我也在中山大学，我在那儿教英文。 很好，我请你们去喝茶吧。"

4. 我家离王太太家很近，我跟王太太是很好的朋友。 我们有功夫一块儿喝茶，买东西，还到城外头去玩儿。 她也请我到她家吃饭。 王家住在城外的山上，他们有很多青菜，很好吃。

5. 从北京大学到四季青不很远。 中海吃了中饭跟朋友们走到四季青去，那天的天很青，他们走了很久， 说了很多话。 到了四季青，看见很多人都在看他们的青菜，又大又好，中海跟朋友们买了很多。

Translate the above paragraphs into English

New syllables:

biar	cao	dai	guai	kai	lao	qiao	ran
bo	chuan				lou		rang

Vocabulary:

liǎng biār	both sides
biār	side;edge
jìn	to enter
chuándá shǐ	reception room
chuándá	to transmit; to send a message
shǐ (or shì)	room
Zhào	a Chinese surname (family name)
Yǒuměi	a Chinese given name (first name)
túshuguǎn	library
túshū	pictures and books
guǎn	establishment; building
guǎnzhǎng	director of an establishment
zhǎng	chief
ràng	let; yield
zěnmo zǒu ?	How do you go?
qiáo	bridge
yìzhí	straight ahead
wàng	towards
běi	north
nán	south
bàngōng	to do office work; to do business
lóu	tall building
yòu	right side
zuǒ	left side
guǎi	to turn
jīngguò	to pass by
yípiàn cǎodì	a stretch of lawn
cǎodì	lawn
hòubiār (hòutóu)	at the back
míngbái	to understand; clearly
hǎozǒu	'take care!' (lit. walk well)
líkāi	to leave

tōngzhī	to notify
tōngzhi yìshēng	Let us know.
jiè	to borrow
túshu guǎnyuán	librarian
lóushàng	upstairs
lóuxià	downstairs
shàng lóu	to ascend the stairs
xià lóu	to descend the stairs
lǎo Zhào	old Zhào, old chap (a familiar way to address an old male friend)
zěnmo yàng?	How are you doing?
aīya!	(an exclamation, expression of surprise)
nándé	rarely
bùcháng	not often
dàjīa	everybody
Lìshǐ bówuyùan	Museum of History
lìshǐ	history
bówuyùan	museum (or bówuguǎn)
tǐyuguǎn	stadium, gym
tǐyù	phyical education
Gùgōng	The Imperial Palace
gù	former
gōng	palace
Chángchéng	The Great Wall (lit. the long wall)
Shísanlíng	The Thirteen Tombs (of Míng dynasty)
Dìxiagōng	The Underground Palace
dìxià	underground
wèi shénmo	why (lit. for what?)
kāi xué	school opens
kāi	to open
dài	to bring
gèchù (dàochù)	everywhere
ránhòu	afterwards; then
xìawǔ	afternoon
shàngwǔ	forenoon
nǐ zěnmo zhīdao	How did you know?
fùjìn	vicinity
yǒu míng	well-known
zùo	to do, to make

- 20 -

MeiYing	a Chinese given name meaning 'beautiful and elegant'
mei	beautiful
Meiguo	United States of America (lit. the beautiful country)
YIngguo	Great britain
lù	road
huoche	train (lit. the fire vehicle)

CONVERSATION:

Zhāng Zhōnghǎi xiale gōnggong qiche yǐhòu, jiu zǒudào yíge hóngde dàmén qiàntou. dàménde liangbīar yǒu liangge shítou shīzi. Zhōnghai zǒu jìnle mén yǐhòu, jiu dào chuándá shǐ qù dēngjì.

fúwuyúan: xīansheng, nín zhǎo shéi?	Sir, whom do you wish to see?
Zhāng: wǒ xiǎng kàn yíwei Zhào Yōumei: xīansheng.	I would like to see (a) Mr. Zhào Ioumei.
fwy: shi túshugǔan gǔanzhǎng Zhào xīansheng ma?	Is he Mr. Zhào, the head librarian?
Zhāng: shì.	Yes.
fwy: ràng wǒ kànkan tā zài jīa hái-shi zài túshugǔan. qǐng wèn nín guìxing?	Let me see whether he is home or at the library. What is your name, please?
Zhāng: Zhāng Zhōnghǎi. cóng Shànghai láide.	Zhāng Zhōnghǎi. From Shànghai.
fwy: (dǎ dìanhùa) wài, shi túshugǔan ma? qǐng wèn Zhào xīansheng zài ma? zhèr yǒu Zhāng Zhōnghǎi xīansheng zhǎo tā...a, Zhào xīansheng, zhèr yǒu yíwei cóng Shànghai láide Zhāng Zhōnghǎi xīansheng yào jiàn nín. qǐng tā dào túshugǔan láima? háo, wǒ gàosu tā.	(telephoning) Hello, is it the library? Is Mr. Zhào there? Mr. Zhāng Zhōnghǎi is here to see him...Ah, Mr. Zhào, a gentleman from Shànghai, Zhāng Zhōnghǎi, wants to see you. Ask him to come to the library? Fine, I'll tell him.
Zhāng: tā zài túshugǔan ma?	Is he at the library?
fwy: zài. tā qǐng nín qù túshugǔan. nín zhīdao zěnmo zǒu ma?	Yes. He asks you to go to the library. Do you know how to get there?
Zhāng: bù zhīdào.	No. I don't.
fwy: nín qǐng gēn wǒ lái. nín xīan guo zheige shítou qíao. guòle shí-tou qíao yǐhòu, jiu yìzhíde wàng béi zǒu. zǒudào nèige bàngōng lóu qíantou, jiu wàng yòu guǎi. jīngguo	Please come with me. First, you cross this stone-bridge. After you cross the bridge, you go straight toward the north. When you reach the front of the Adminstration Building,

yípian cǎodì jiùshi kēxúeyùan.
túshugǔan jìu zài kēxúeyùande
hòubiar. nín tīng míngbáile ma?

you turn right. After you pass a
stretch of lawn, there is the science
building.   The Library is at the
back of the Science Building. Do
you understand me clearly?

Zhāng: tīng míngbáile. xìexie.
fwy: nín hǎo zǒu. nín líkai dàxúede
    shíhou, qǐng tōngzhi wǒmen yìshēng.
Zhāng: hǎo, yídìng.

Yes. Quite clearly. Thank you.
Take care!   (lit. Walk well.)When
you leave, please let us know.
Fine. Certainly.

ZÀI TÚSHUGǓAN LǏTOU

Zhāng Zhōnghǎi láidào túshugǔan kànjian hěnduo xúesheng zài nèr kàn shū.
yě yóu hěn dūo zài jìe shū. tā jìu wèn gǔanyúan Zhào Yǒuméi zài nǎr.

gǔanyúan: Zhào xīansheng zài lóushàng.
    qǐng nín shàng lóu ba.
Zhāng: xìexie nín.
(meeting Zhào)

Mr. Zhào is upstairs. Please go
upstairs.
Thank you.

Zhāng: lǎo Zhào, zěnmo yàng? hǎojǐubu-
    jìanle. tàitai, háizi dōu hǎo ba.

Old Zhao, how are things? I haven't
seen you for a long time. How is
the family?

Zhào: aīya! Zhōnghǎi, nánde jìan.
    shénmo shíhou lái Běijing de?
Zhāng: láile yíge dūo lǐbàile.
Zhào: zhēnhao, zhēnhao. zhùzai nǎr?
Zhāng: zhùzai Běijing Fàndìan. lí
    Jīashēng bù yǔan. cháng kànjian
    tāmen.

aiya! Zhōnghǎi, what a surprise!
When did you come to Peking?
I've been here more than a week.
Very good. Where are you staying?
At the Peking Hotel, not far from
Jīashēng.   I see them often.

Zhào: ou, lǎo Wáng hǎoba? wǒmen bù
    cháng jìan. dàjīa dōu máng, yòu líde
    yǔan. nǐ dōu cāngūanle xīe shénmo
    dìfang?
Zhāng: wǒ qù gùo Tīananmén gǔangchǎng,
    Rénmindàhuitáng, Lìshibówugǔan,
    tǐyugǔan, Gùgōng. zhèige lǐbàilìu
    qù Chángchéng. xìa lǐbai xǐang qù
    shísanlíng dìxiagōng.

Oh, how is old Wáng? We don't often
see each other. Everybody is busy
and lives far from each other.
Where have you been so far?
I have been to The Plaza of the
Gate of the Heavenly Peace, the
Great Hall of the People, the Museum
of History, the stadium, the Imperial
Palace. This Saturday, I will go to
the Great Wall. Next week, I plan
to visit the Underground Museum of
the Thirteen Tombs.

Zhào: nǐ něitian huí Shànghai?	When do you go back to Shànghai?
Zhāng: xià lǐbailìu.	Next Saturday.
Zhào: wèi shénmo bù dūo zhù jǐtian?	Why not stay a little longer?
Zhāng: liǎngge lǐbài yě wárde chàbu-dūole. xuéxiao yào kāixué le.	Two weeks'visit is about enough. School is about to·open.
Zhào: hǎo.xiànzai shì shí-yi diǎn-zhōng. wǒ dài nǐ gèchù zǒuzou. ránhòu qù wǒ jiā chī zhōngfàn. xiàwǔ,wǒ dài nǐ qù cānguan yíge rénmín gōngshè.	Fine. Now,it is a little after eleven. I'll show you around a little,then we will go to my house for lunch. In the afternoon,I'll take you to visit a people's commune.
Zhāng: shì búshi Sìjiqīng?	Is it the Evergreen?
Zhào: dùile. nǐ zěnmo zhīdao?	Yes. How did you know?
Zhāng: gōnggong qìche shàngde mài-piaoyúan gàosu wǒde.	The ticket-seller on the bus told me.
Zhào: shì. zhèige gōngshe jìu zài zhèr fùjìn,hěn yǒumíng. wǒmen xiàwu qù kàn. xiànzai qíng nǐ děng wǒ jǐ fēnzhōng. wǒ bǎ zhèi diǎr shì zùo wánle,jìu zǒu.	Yes. This commune is in this neigh-borhood. **It's very famous. We will go** there this afternoon. Now,please wait **for me a few minutes till I finish** **this job,then we will go.**
Zhāng: hǎo,nǐ máng ba. wǒ zài zhèr kànkan shū.	Fine. You go ahead. I'll do some reading.

PATTERN DRILL:

wàng běi zǒu (walk toward **the north, lit.** toward north walk)

        wàng dōng guǎi (turn towards **east**)

        wàng shàng kàn (look upwards)

        wàng túshuguǎn qù (go towards the library)

        wàng dàmén zǒu (walk towards the main entrance)

tīng míngbaile ('I' heard it clearly.'I'understood.)

        wǒ tīng míngbaile tā shūode hùa.(I heard clearly what he said.)

        Aìhúa kàn míngbaile nèiben shū.(Aìhúa read and understood

                    that book well.)

        wǒ xiǎng míngbaile nèige shì.(I thought out **that matter**

                  clearly.)

lóushàng (upstairs)

lóuxìa (downstairs)

        wǒ zài lóushàng,tā zài lóuxìa.(I am upstairs;he is downstairs.)

        wǎng tàitai bú zài lóushàng.(Mrs. wǎng is not upstairs.)

zùo wán zhèi xīe shì   (to finish doing these **things**)   In Chinese,the
    word 'wán'(finish) is an adverb and is placed after the verb.

        qíng nǐ chī wán zhèi wǎn fàn. (Please finish eating this bowl of
                                        rice.)
        wǒ xīan zùo wán gōngke zài qù kàn dìanyǐng. (First I finish doing
                the homework,then I go to see the movie.)
        nǐ hē wán chá le ma? (Have you finished drinking the tea yet?)
        Aìhúa zhāohu wánle kèren jìu qù gēn Wénshān tánhùa.
        (Aìhúa finished greeting the guests,then she went to talk to Wénshān)

EXERCISES:
I. Translate the conversation line by line without referring to the
   English translation.
II. Without referring to the Pīnyīn,repeat the conversation in Chinese
    with the help of the English translation.
III. Two students to recite the entire conversation in front of the class.
IV. Read the following sentences and translate into English:
    1. wǒ jīade lǐangbiar yǒu lǐangge lóu. yòubīarde yíge hěn gāo,zǔobīarde
       yíge bùhěn gāo. wǒde péngyou Gāo Měiyīng xǐaojie jìu zhù zài yòu
       bīarde nèige lóuli. wǒmen cháng zài tājīa yíkùar zùo gōngkè,zài
       yíkùar wár.
    2. fúwuyúan cóng chúandashì chūlai gàosu Zhōnghái zěnmo dào túshugǔan
       qù.
    3. wǒ cháng dào túshugǔan qù kàn shū. yǒushihòu wǒ yě jìe shū. túshu-
       gǔan yǒu hěn dūo rén.
    4. cóng nǐjīa dào túshugǔan yǔanbuyǔan? yǒu dūoshao lǐ lù? nǐ dào nèr
       qù zěnmo zǒu? zǒulù háishi zùoche?
    5. Nǐuyūe (New York) shì yíge hěn dàde chéng. nèr yǒu hěn dūo dà qíao.
       qíao shàng kéyi zǒu gōnggong qìche yé kéyi zǒu húoche.
    6. dào wǒde péngyou Měiyīngde jīa qù,děi yìzhíde zǒu èr lǐ lù ránhòu
       wàng běi gǔai zài zǒu chàbudūo yì lǐ lù jìu dàole.
    7. Wénshānde jīa zài běi bīar. Aìhúade jīa zài nán bīar. túshugǔan
       zài Wénshān jīade dōng bīar. túshugǔan zài Aìhúa jīade něi bīar?
       nǐ zhīdao ma?
    8. fùqin měitian dào chéngli qù bàngōng. zǎoshang zùo húoche qù;
       wǎnshang yě zùo húoche húilai.

9. wǒ zài lóushang zuò gōngke, dìdi (younger brother) zài lóuxia wár.
   dìdi jiào māma xiàlóu. māma zhèngzai máng, jiào wǒ xiàlou qù kànkan
   dìdi yào shénmo. wǒ yě bùxiǎng qù kěshi wǒ xiàlou qùle. dìdi bú
   yào shénmo, tā jiù yào hē shǔi (water) hái yào wǒ péi tā wár. wǒ shūo,
   wǒ keyǐ gei nǐ shǔi, keshi wǒ bùneng péi nǐ wár. wǒ děi zuò gōngkè."
10. jīntiānde zhōngwen kè yǒu hěn dūo dìfang wǒ bù míngbai. xiàle kè
    yǐhòu, wǒ yào wèn xiānsheng. wènle xiānsheng yǐhòu, wǒ jiù dōu
    míngbai le.
11. wǒmen xúexiao xiàlǐbài yǒu yíge wǎnhùi. xiànzai wǒmen zhèngzai
    yùbei tōngzhī tóngxúemen. xīwàng hěn dūo rén dōu néng lái.
12. wáng tàitai dùi Àihúa shūo, "xiàlǐbài liù wǒ xiǎng qǐng nǐ gēn jǐge
    niánqīng péngyou chīfàn. xīwàng nǐ yídìng lái." Àihúa shūo, "nínde
    cài zuòde zènmo hǎo, wǒ yídìng lái, yídìng lái."
13. zhèiben shū xiànzai nándé mǎi. nèige shūdiànli háiyou jǐben. nǐ
    xiànzai jiù qù mǎi ba.
14. zuótian wǒmen zài Běijīng fàndiàn chīfàn, chīle hěn dūo cài. yǒu
    jī, yǒu yú (fish), yǒu tāng háiyou hěn dūo qīngcài gēn shǔiguǒ.
    wǒmen dōu chīle hěn dūo, chīde tòngkuài jíle.
15. Běijīngde Chángchéng, Gùgōng, Shísānlíng dōushi yóukè cháng qù
    cānguānde yǒumíngde dìfang.
16. wǒ chī wánle fàn, jiù gēn nǐ qù kàn diànyǐng. qǐng nǐ děng wǒ. wǒ
    bā diǎnzhōng lái nǐ jiā.
17. Qián Àihúa jīntian hěn zǎo jiù húi jiāle. tā shūo, tā wǎnshang děi
    qù wáng jiā chīfàn. ránhou qù yíge wǎnhùi.
18. Wénshān shūo, " xúexiao fàntángde fàn hěn gùi. yǐhòu wǒ dài fàn
    lái chī bú qù fàntáng chīfàn le."
19. zuótian wǎnshang wǒ méiyou shíhou yùbei gōngkè. jīntian xiānsheng
    wèn wǒ, wǒ dōu bù zhīdào.
20. Shànghài chéngde fùjìn yě yǒu hěn dūo zhídekànde yǒumíngde dìfang.
21. Zhōnghǎi shūo, Běijīng yǒumíngde dìfang tā dōu kànguole. xúexiao
    yě yào kāixúele. tā děi húi jiā le.
22. zuótiān shàngwu nǐ dào chéngli qù kàn péngyoule ma? jǐ diǎnzhong
    húiláide?
23. wǒde shì yǐjing zuò wánle. wǒmen xiànzai zǒu ba.
24. Sìjiqīng rénmin gōngshe jiù zài Běijīng dàxue fùjìn.
25. Yǒumái cóng túshugǔan zǒu húi jiā. tā jiā lí túshugǔan hěn jìn.

V. Say the following sentences in Chinese:

1. Mr. Zhāng got off the bus in front of the Peking university.
2. There are two stone lions on both sides of the main gate.
3. The clerk said to Mr. Zhāng, "whom do you wish to see?"
4. Let me see whether he is at home.
5. My father takes the train everyday to work in New York city.
6. Please ask him to come to the library. I shall wait for him here.
7. Do you know how to go from here to the university?
8. First you cross this bridge, then walk straight toward **the north** to the front of the administration building.
9. There are buildings on both sides of the college green. On the right of the green is the **Science Building.** On the left is the **Library Building.**
10. There are many students in the library reading and borrowing books.
11. Did you understand clearly what the clerk told you?
12. Mr. Zhāng has **already visited** many **places worth seeing** in Běijīng.
13. We **rarely** see each other. How have you been?
14. Before you leave the college, please let us know.
15. I hope you **can(definitely)** come to this Saturday's party.
16. A gentleman from Shànghǎi wants to see you.
17. When does your school open? Ours opens **next Monday.**
18. Mr. Zhào is upstairs. Please go upstairs to see him.
19. Do we have physical education class this afternoon?
20. **Is Peking Hotel far from here? Do you eat there often?**
21. Have you been to the Underground Museum of the Thirteen Tombs?
22. Mr. Zhào Yǒuméi is the head librarian of the Peking University.
23. Do you know who is the president of our university?
24. Mr. Zhāng, let me help you with your luggage.
25. The Science Building is on the east **side of the college green.**
26. Everyday I work four hours at the library.
27. Which building is the Administration Building? Do you work there?
28. After Mr. Zhào **finished** his work in the library, he then **took** Mr. Zhāng home for lunch.
29. The clerk at the reception room telephoned Mr. Zhào to tell him that Mr. Zhāng wanted to see him.
30. After they ate lunch at Yǒuméi's house, they took the bus to visit the Evergreen commune.

NEW CHARACTERS:

爱	(ài) to love		图	(tú) picture	
华	(húa) China;splendor		回	(húi) to return	
路	(lù) road		开学	(kāi xúe) to open school	
谢	(xìe) to thank		开车	(kāi chē) to drive a car	
馆	(gǔan) establishment		功课	(gōng kè) homework	
店	(dìan) store,shop		常	(cháng) often	
校	(xìao) school		可是	(kě shì) but	

CHARACTER COMBINATIONS:

爱华　马路　谢谢　饭馆　图书馆　回家　回来　回去

READING SELECTION:

1. 城里的图书馆离爱华家很远，爱华不常去。　因为从她家到图书馆没有公共汽车，她得走去，要走很久。　她说，"走路到图书馆，很累，到了，我也不想看书了。　离我家不远有一个书店，那里有很多书，我常去那儿看书，也买书。　那里的图书很多，很多人在那儿看书，很少人买书。　文山，文英也常去那儿看书，大家一块儿说话，很好玩。

2. 中海来到北京很久了，住在北京饭店，天天在那儿吃饭，天天出去，城里，城外都看了，还看了很多朋友。　他很累，他想，"我来了很多天了，吃了，玩儿了，也累了，大学也要开学了，太太也想我了，我得回家了。"

3. 文山在大学里不常看见爱华。　他想请爱华吃饭，可是她说她太忙没有工夫。　一天文山在图书馆里看书，爱华也来了，文山说，"你很久没有到我家来了，我的父母亲都问你好，还叫我请你吃饭，个天你跟我回家好吗？"　爱华说，"好吧。"　那一天文山跟爱华一块儿到王家去了。　王太太看见爱华说，"爱华，好久不见你了，是不是功课太忙了？　今天你来了，我有好菜，你在这儿吃饭吧。"　爱华说，"谢谢，我很爱吃您的菜，您教我，好吗？"　王太太说，"好，你有功夫来跟我学吧。"

4. 季文英是个很好的学生，功课第一，人也好，有很多朋友。　她的家不在北京，在山西，她的父母亲也都住在山西，她一个人住在北京大学。　她天天到图书馆看书，也常跟朋友们出去玩。 朋友们常请她去晚会，可是她不常去因为她有功课。 朋友们说，"功课，功课，我们都有功课，今天去玩儿，明天想你的功课不好吗？" 文英说"明天，明天，天天有明天，天天有功课，你们去吧，明天见。"朋友们都走了，他们说，"文英是个好学生，可是她这个人太没有意思。"

Gùgōng(The Imperial Palace)

Chángchéng(The Great Wall)

Lìshǐ Bówùguǎn(Museum of History)

Běijīng Tǐyùguǎn(Peking Stadium)

NOUNS AND NOUN COMBINATIONS:

mǔqin	xúewèn	yìsi	tóngxúe	zúotian	wǎnshàng
shì	piànzi	dōngxi	piào	dàxúe	dìfāng
gōngshè	sìjì	shúigǔo	qīngcài	xīhongshì	pínggǔo
shítou	shīzi	dàmén	lǐ	zhōngtóu	kǎoshì
bàogào	màipiaoyúan	fēnzhōng	bīar	tǐyù	kēxúe
túshū	túshugǔan	gǔan	chúandashì	gǔanzhǎng	qíao
běi	nán	cǎodì	bàngonglóu	hòubīar	yóukè
gǔanyúan	lóushàng	lóuxìa	lìshǐ	lù	fùjìn

PROPER NOUNS:

Běijīng-dàxúe   Qīnghúa-dàxue   Rénmín-dàxúe   Kēxueyùan

Sìjiqing   Lishì-bówuyùan   Gùgong   Shísanlíng-dìxiagong

Chángchéng   Měigúo   Yīnggúo   Zhào Yóuméi

Gāo Měiying

VERBS:

zhù	lí	zhòng	gàosu	xìa	shàng	tōngzhī	bàngōng
kāixúe	zùo	ràng	líkāi	gǔai	jīngguo	míngbai	jìe
dài	húi	rènshi	shūo	shūohùa	jīaoshū	tīngshūo	láiguo
xǐe	jīao	jīaogěi	kǒngpà	yóulì	jìnqù	jìnlái	chúandá

AUXILIARY VERB:

hùi

ADJECTIVES:

wǎn	yúan	jìn	qīng	gāo	hǎokàn	hǎowár	yǒu yìsi
měi	tòngkùai	yònggōng	yǒumíng	gāoxìng			

MEASURES:

piàn   fēnzhōng   tíao (for road, fish, necktie)

EVERYDAY PHRASES:

ní zěnmo shūo-a?   zěnmo zǒu? (or zěnmo lái,zěnmo qù?)

ní zěnmo zhīdao?   zěnmo yàng?   wèi shénmo?   nán dé jìan.

ORDINAL NUMBERS: (Add 'dì' as prefix to any cardinal number)
dìyī,dìèr,dìsān,dìsì......dìshí,dìshíyī.......dìèrshí etc.

   Say the following items in Chinese using the proper measures:

the third child   the fourth person   the seventh dictionary

the second dollar   the fifth pencil   the sixth cup of tea

the first dumpling   the third bowl of chicken noodle soup

the eighth gentleman

SUFFIX 'LE" AND ITS DIFFERENT FUNCTIONS:

A. To indicate a completed action: Zhāng Zhōnghǎi láile.
                                      tāmen dōu zǒule.
   1. He went to visit the Great Hall of the People.
   2. Wénshān went to the movies.
   3. Zhāng Zhōnghǎi arrived from Shànghai.
   4. Wénshān accompanied Mr. Zhāng to Peking University to visit friends.

B. Attached to an adjective to indicate a changed condition:
               tā xìanzai hǎole (He is fine now- it means:he is not sick
                        anymore.)
             fàn hǎole. chīfàn ba.(Dinner is ready. Let's eat.)
   1. Mrs. Wáng's children are all very tall now.
   2. It is getting late now. (lit. day is getting late). I must go.
   3. Previously he was not studious. Now he is.
   4. Wénshān no longer has a car.

C. To indicate a negative decision:
             wǒ bù chī le (I won't eat anymore.)
             tā jīntian bù lái le.(He is not coming anymore today.)
   1. I am not going shopping anymore today.
   2. I already drank three cups of tea. I cannot drink anymore.
   3. Aìhúa does not want to talk anymore.
   4. I still have money. I don't want anymore.

D. Attached to a verb in a subordinate clause to indicate that as
soon as the first action is completed,the second action will take place:
             tā chīle fàn, jìu zǒu. (As soon as he finishes eating,he will
                        leave.)
   1. Mr. Wáng said:"as soon as he comes,he'll talk with you."
   2. As soon as Zhōnghǎi registers at the desk, he goes to rest.
   3. As soon as Mrs. Wáng prepares the dinner,they all sit down to eat.
   4. As soon as Aìhúa gets up,she goes out.

SHÀNGTOU,XÌATOU,QÍANTOU,HÒUTOU,LǏTOU,WÀITOU
   Translate the following sentences into English:
   1. Nèiben hóng zìdǐan shàngtoude bǐ shi shéide?
   2. wǒde dìtú zài nǎr? shìbushi zài nǐde shū shàngtou?
   3. shū xìatou yǒumeiyou dōngxi?
   4. wǒ bù zhīdao běnzi xìatoude dìanyǐng pìao shi Wénshānde.
   5. nǐ qíantoude nèige rén xìng shénmo?

6. Aihúa bú zùo zài Wénshānde qiántou.

7. nǐ hòutoude nèiwei tàitai shi Wáng tàitai ma?

8. shítou shīzi bú zài dàménde hòutou.

9. nǐ zài xuéxiào lǐtou kànjian Aihúale ma?

10. jiālǐtou méiyou rén. qǐng nín míngtian zài lái ba.

11. háizimén dōu zài wàitou wár. tāmen wárde hěn gāoxìng.

12. chéng wàitou yǒu shénmo zhídekànde dìfang? qǐng nǐ gàosu wǒ, hǎoma?

YĪQIAN, YĪHÒU,...DE SHÍHOU

A. yǐqián - as 'previously'(placed at the beginning of a sentence)

yǐqián tā bùchī Měiguo fàn. xiànzai chīle.

(Previously he did not eat American food. Now he does.)

1. Previously he was a student at Peking University but not anymore.

2. Previously he lived in the city not far from the college.

B. yǐqián - as 'before', to be used in a subordinate clause:

chīfàn yǐqián, tā kàn shū.

(Before he eats dinner, he reads.)

1. Please call me before you come.

2. Before Zhōnghǎi leaves for the Plaza of the Gate of the Heavenly
   Peace, he eats breakfast.

C. yǐhòu - as 'later' or 'from now on'(placed at the beginning of a sentence)

wó yǐhòu bú zài dào nèige fàndian qù chīfàn le.

(From now on, I won't go to that restaurant to eat.)

1. From now on, I won't go to the movies anymore because the films
   are not good.

2. Aihúa is very studious. She would like to teach later. (be a teacher)

D. yǐhòu - as 'after', to be used in a subordinate clause:

tā gēn Wáng tàitai tánhùa yǐhòu, jìu zǒule.

(After he talked with Mrs. Wáng, he left.)

1. After you prepare dinner, would you please help me find my book?

2. After Wénshān arrived at the party, he went to meet young friends.

3. After Zhōnghǎi entered the gate of Peking University, he went to
   the reception room to register.

E. de shíhou (when, while, during)

wǒ chīfànde shíhou, bú kàn shū.

(When I eat, I don't read.)

1. When he reads, he does not talk.

2. When you prepare for a test, you must be studious.

3. During springtime, Mrs. Wáng plants vegetables.

CONCERNING TIME:

A. By the clock   yì dǐanzhōng (one o'clock)
                    líang dǐanzhōng (two o'clock)
                    sān dǐanzhōng (three o'clock)   etc.

                    yì dǐan yí kè (one quarter after one)
                    yì dǐan bàn   (half past one)

    What time is it?
    2:15   3:45   3:30   4:55   4:05   5:25   6:35

B. Amount of time: yí gè zhōngtóu (one hour)
                    líang gè zhōngtóu (two hours)
                    sì shí fēnzhōng (forty minutes)
                    sān gè zhōngtóu líng èr shí fēnzhōng
                    (three hours and twenty minutes)

    Say the following amounts of time:
     two hours   four hours   five and a half hours   ten hours
     ten minutes   two minutes   three or four minutes   eight minutes
     twenty minutes

HǍOKÀN, HǍOWÁR, HǍOCHĪ, HǍOHĒ, HǍOSHŪO, HǍOTĪNG, HǍOZǑU ETC. (the combination
    of the adjective 'hǎo' and a verb serves as a compound adjective.)
                          Wáng tàitai zuode cài zhēn hǎochī.
                   (Dishes made by Mrs. Wáng are really delicious.)
                   É gúo hùa bù hǎoshūo.
                   (Russian language is difficult.)

1. nèige dìfang hǎowár ma? ní yǐqían qùguo ma?
2. jīntian wǒ kànjìanle yíwei xíaojie. tā zhēn hǎokàn. wó xǐang zhīdao
    tā shi shéi.
3. nèige cài zhēn hǎochī. wó yǐjing chīle hěn dūo hái xǐang chī.
4. hěn dūo wàiguo rén shūo, zhōngguo hùa bù hǎoshūo. wó xǐang tāmen
    shūode bú dùi.
5. zhōngguo chá hěn hǎohē. wàiguo chá dōu méiyou zhōngguo chá hǎohē.
6. zhèi tíao lù bú tài hǎozǒu. wǒmen zǒu nèi tíao ba. ('tíao' - measure
                                      for 'lù')
7. nèige wàiguo rén shūode zhōngguo hùa hén hǎotīng.
8. nèiben shū bù hǎomǎi. wǒ qùle hěn dūo shūdìan dōu méiyou mǎi dào.

Read the following paragraphs and translate into English:
     zuótian zǎoshang, fúwuyúan jìao Zhōnghǎi qǐlaide shíhou, tā bù qǐlai.
bā dǐanzhōngde shíhou Zhōnghǎi qǐlaile. tā xǐang zùo gōnggong qìche dào

Sìjiqīng gōngshè qù cānguan kěshi qìche yǐjing zǒule. tā jiù wèn
fúwuyuán hái yǒumeiyou qìche qù Sìjiqīng. fúwuyuán shūo, shídian
sìshiwǔ fēnzhong háiyou yíge qìche qù nèige gōngshè. nèige shíhou
shi zǎoshang bādian yíkè. Zhōnghǎi děi děng liǎnggebàn zhōngtóu.
tā jiù qù fàntáng chī zǎofàn. yīnwei tā xiǎng qǐng Wénshān yíkuàr
qù gōngshè cānguan, tā jiù zài chī zǎofàn yǐqián dǎ dìanhua gěi Wénshān.
Wénshān shūo, "hǎoba. wǒ jīntian zǎoshang zhèng méiyou shì. wó kéyi
péi nǐ qù."

2. nàtian Yǒumei zuòwánle shì jiù gēn Zhōnghǎi líkáile túshuguǎn wàng
Zhào jiā zǒu qù. zài lùshang, tāmen kànjiànle hěnduō xuésheng. yǒude
xuésheng rènshi Zhào xiānsheng jiù zǒu guòlai gēn tāmen shūohua. tāmen
dōu hěn máng kěshi yě dōu hěn gāoxìng. Yǒumei dài Zhōnghǎi dào Kēxue-
yùan qù cānguan. ránhòu yòu dài tā qù Bàngonglóu qù kàn jǐge lǎo péng-
yǒu. zài nèr tāmen gēn péngyoumén tánle jǐ fēnzhong huà jiù dào Zhào
jiā qùle. tāmen dàole Zhào jiāde shíhou, Zhào tàitai zhèng zài mén wàitou
gēn liǎngge xuésheng shūohuà. tā kànjian Zhōnghǎi jiù hěn kuàide zǒu
guòlai zhāohu tā yīnwei tāmen yǐjing yǒu sān nían méiyou jiànle.

3. rén rén dōu xiǎng yǒu xuéwèn. yīnwei tāmen xiǎng yǒu xuéwèn jiù
dào dàxué lái shàngxué. zài dàxué lǐtou tāmen xué hěnduo dōngxi. yǒude
rén xué zhōngwén, yǒude rén xué yīngwén, yé yǒude rén xué kēxue gēn túshu-
guǎnxué. kěshi zài xuéxiaoli yě cháng jǔxíng wǎnhuì. níanqīngde rén yí-
kuàr chī, hē, tánhuà, wár gēn kàn dìanyǐng. yǒushíhou wárde tài tòngkuàile
tāmen jiù bù xiǎng yònggōngle yě bú yào xuéwènle.

SAY THE FOLLOWING TELEPHONE CONVERSATION IN CHINESE:
Mrs. Wáng: Hello, is that Mrs. Zhào?   I haven't seen you for a
        long time. How are you and the family?
Mrs. Zhào: Oh, thank you. They are all fine. How are Mr. Wáng and Wénshān?
Mrs. Wáng: They are fine also. Thank you. Do you know that Zhōnghǎi has
        arrived from Shànghǎi. He is going back this Saturday. We would like
        to invite him and a few of his schoolmates from his college days to
        dinner at our house. Can you and Mr. Zhào come?
Mrs. Zhào: Excellent. Thank you for inviting us. Which day?
Mrs. Wáng: Friday evening.
Mrs. Zhào: I am free. (I have leisure time.) But I don't know whether
        Yǒumei is free. I'll ask him tonight. I'll call you tomorrow.
        I do hope we can come.   Thank you. I'll talk with you again.
Mrs. Wáng: Fine, 'till tomorrow then. Good-bye.

CHARACTER REVIEW:

LESSON XVII:　　第 晚 会 说 话 学 意 思 父 母 亲 教 因 为 跟 位 现

LESSON XVIII:　里 外 头 玩 儿 季 青 住 远 近 离 得 从 城 东 西

LESSON XIX:　　爱 华 路 谢 馆 店 校 回 图 开 功 课 常 可

CHARACTER COMBINATIONS:

爱华	饭店	图书馆	教中文	北京饭店	常来吃饭
晚会	四季	跟我去	在学校	中华书店	爱华很累
说话	教书	常回家	在上头	离城很近	他没有钱
意思	因为	开饭馆	来外头	功课不好	四块五毛
父亲	开学	住在哪儿	说话多	爱父母亲	没吃晚饭
母亲	常来	住城里	吃饭少	从我家去	不想回家
城里	请坐	离得远	没看见	得从这儿走	
饭馆	开车	从家来	没意思	教书很忙	
学校	很远	功课好	买东西	跟我回家	
走路	不近	父母亲		四季都好	
回家	得去	谢谢你		里头没人	
功课	里头	有意思		上头有书	
学问	外头	有学问		学校很远	
可是	上头	很好玩儿		学生不多	
要是	下头	从哪儿走		请你吃饭	
书店				玩儿得很好	

READING SELECTION:

1. 今天早上王先生没有出去，他在家看书。

2. 王太太出去买菜，她买了很多青菜，她给了卖菜的人五块钱。

3. 文山没有钱坐车去上学，今天他走路去了。

4. 人人都想有学问，可是不是人人都有学问。

5. 从我家到学校有二十五里要坐公共汽车去。

6. 这本书很没有意思，我不想看了。

7. 钱先生招呼文山坐下跟他说话。

8. 在钱家的晚会，爱华给文山介绍了很多朋友。

9. 今天我不去吃中饭，因为我没有钱。

10. 地图一块钱一张，你要买吗？

11. 王文山买了三本书，一本一块钱，一共三块钱。

12. 钱爱华的家在山上头，王文山的家在山下头。

13. 今天早上我有中文课，可是我没有去上，因为我没有起来。

14. 钱爱华很好着也很会说话，在学校里她有很多朋友。

15. 那天的晚会很有意思，文山跟他的父母亲都说了很多话，吃了很多饭，喝了很多茶，回家都很累。

16. 你明天有工夫跟我去四季青玩儿吗？

17. 王先生要卖他的车可是他说他不要卖给他的朋友。

18. 中海很有学问跟他说话很有意思。

19. 请问家里头有人吗？ 没有，都出去了。

20. 王太太请爱华，中海，家生吃饭，他们都来了，他们也都谢谢她。

21. 我们大家都在大学学中文。

22. 今天我不太好，我不要吃晚饭。

23. 四季青有很多青菜又大又好。

24. 今天的天很好，我们大家一块出去走一走吧。

25. 爱华很爱请朋友到她家里来，她家里常有晚会。

26. 张先生在上海大华大学教书，他有很多学生。

27. 我们学校一共有多少学生？

28. 明天有很多人都要坐公共汽车去四季青，你也去吗？

29. 文山的朋友很多，他们常在学校里玩儿，说话，也常在图书馆看书，他们都是好学生。

30. 文英住在学校里，她有很多功课，不常回家，也不常见父母亲，他们都很想她。

1. 今天的天很好，爱华不想上学，她想出去买东西，还想去西山上玩儿。 她请文山跟她去。 文山说，"我有很多功课，明天跟你去好不好？" 爱华说，"今天的天好，还是今天去山上玩儿吧。 今天你跟我去山上跟买东西，明天我跟你去图书馆看书，我也有功课。" 文山说，"好吧，我们在学校的外头见。 可是我今天要早一点回家。" 爱华，文山一块去了山上，他们没有去买东西，文山也没有早一点回家。

2. 有一天，王太太不很好，可是她请了很多朋友来吃饭，她想叫文山给她去买菜。 文山说，"我有很多功课，你请父亲去买吧。" 王家生说，"你不好，请朋友们不要来了，我不很会买菜，买不好，你会骂我，我还要去看一个朋友。 我去买包子回来，我们请他们喝茶好不好？" 王太太看他们都不去买菜，她没有说话。 朋友们来到王家，王太太说，"你们常吃我的菜，今天不要吃我的菜吧，我们请你们到北京饭店去吃吧，那儿的菜很好。"

3. 季先生季太太在北京路上开了一个饭馆，他们的菜很好吃，天天有很多人到那儿吃饭。有一天，有一个人来吃饭，季先生招呼他坐下，他叫了一个菜，他问季先生"这个菜多少钱？ 饭多少钱？ 茶多少钱？" 季先生说，"这个菜三块四毛钱，饭不要钱，茶也不要钱。" 这个人说，"谢谢你。" 菜跟饭跟茶都来了，这个人吃了饭，喝了茶，要走。 季先生说，"先生，一共三块四毛钱，请您给我吧。" 那个人说，"我吃了饭，喝了茶，可是我没有吃这个菜，你不是说饭跟茶都不要钱吗？" 季先生说，"那是因为你叫了这个菜，茶跟饭就不要钱，要是你没有叫这个菜，茶跟饭要一块钱。" 那个人想了一想说，"今天我吃饭，喝茶，明天来吃这个菜，明天给你钱。" 季先生看季太太，季太太看季先生，他们都说不出话来。

4. 北京大学在城外离北京城不很远，有十三里路。 爱华住在大学里，不常回家，她的父母亲想叫她常回来，她说，"我也想你们可是我不要常回家，我没有工夫常坐公共汽车回家，因为我有很多功课也有很多朋友，我很忙，跟朋友一块儿也很有意思，要是你们是学生，你们也不想回家。"

New syllables:

bai	ci	du	gua	jue	huar	ku	lu	pi	qie
bie	chao				huai			pao	
	cuo								
		rou	se	te	yan	zhou			

Vocabulary:

tīanqì	weather
xǐaoyúan	campus
hūar	flower (hūaryúan - flower garden)
kāi	to open(door),to bloom(flower),to drive(car)
gèzhǒng	all kinds of
yánsè	color
hú	lake
lǐushù	weeping willow
shù	tree
lǜ sè	green color
qí	to sit astride(on a horse or bicycle)
jǐaotachē	bicycle (lit. foot-pedaling-vehicle)
pǎolái pǎoqù	running back and forth
pǎo	to run
júede	to feel
zìjǐ	self
zhǐ	only
súoyǐ	therefore
tèbíe	especially;unusual
yícì	once, one time
shèyúan	member of a commune,member of an organization
cái	thus
wēnfáng	greenhouse
wēn	warm
gūa	melon; squash
sīgua	green squash
húanggua	cucumber
kǔgua	bitter melon
xīgua	watermelon

shúiguǒ	fruit
guàzhe	hanging
nàxie (or nèixie)	those
xìang	to resemble
gèng	even more
chǎo	to fry;to saute
ròu	meat
báicài	cabbage
kē	(measure for cabbage and tree)
guòlái	to come over
dòuzi	bean
qíezi	eggplant
shénmode	et cetera
dàihuiqù	to bring back
língmài	retail
dàpī	in large quantity
gòngyīng	to supply
sì jīao	suburb (lit. the four suburbs)
wēndù	temperature
dù	degree of temperature
lǎo shi	always, usually
lǎo	old
zhèyàng	this way, in this manner
zhǎng	to grow
bú hùi hùai	(It) will not become rotten or bad
hùai	bad
bǐ	to compare
shūfu	comfortable
yìdiǎr ye búcùo	exactly,not a bit wrong (Chinese idiom)
búcùo	quite right,not wrong,pretty good
cùo	wrong

CONVERSATION:

Zhōnghǎi zài Zhào jīa chīle zhōngfan yǐhòu,Yǒuméi gen tā jìu líkai
Zhào jīa wàng xǐaomen zǒu qù. nà tīan tīanqi hén hǎo;yòu shi chūntian.
xǐaoyúanlide hūar dōu kāile;gèzhǒng yánse dōuyǒu;zhēn hǎokan jíle. xúexiao
yǒu yíge hú. húde sìbiar dōu zhòngle lǐushù;yípian lǜse.xúeshēngmen yǒude
zài húbīar tánhùa;yǒude qízhe jǐaotachē pǎoláipǎoqù. Zhōnghǎi kànle,júede
hén gāoxìng hǎoxìang zìji yě níanqīngle yíyàng. tāmen zǒuchu xǐaomen jìu

zùo gōnggong qìche. zhǐ zùole liǎng zhàn jiudàole Sìjiqīng rénmingōngshele.

tāmen xiān dào chuándáshǐ qu dēngjì.

shèyúan: qǐngwèn liǎngwei zhǎo shéi?

May I ask whom are you looking for?

Zhào: wǒmen bùzhǎo shéi. wǒmen
  xiǎng cānguan nǐmende gōngshè.
  kéyima? zhèiwei shi cóng Shànghai-
  láide Zhāng xiānsheng. Yīnwei nǐ-
  men zhèr hén yǒuming súoyi wǒ tè-
  bíe dài tā lái cānguan yícì.

We don't want to see anybody. We
would like to visit your commune.
Is that all right? This is Mr. Zhāng
from Shànghai. Because your commune
is very well-known(therefore)I take
him here once especially to visit.

shèyúan: hǎo,qǐng nín liǎngwei zài
  zhèr déng jǐfēnzhong. wǒ qù zhǎo
  yíwei shèyúan lái zhāohu nínmen
  yīnwei wǒ bùneng líkai zhèr.

Fine. You two(gentlemen)please wait
here for a few minutes. I'll find
someone to take you around because
I cannot leave here.

(yíge rén zōuchūlaile)

Zhōu: huānying,huānying. liǎngwei
  guìxìng? wǒ xìng Zhōu.

Welcome,welcome. May I know your
last names? My name is Zhōu.

Zhào: wǒ xìng Zhào. zhèiwei xìng
  Zhāng.

My name is Zhào. This gentleman's
name is Zhāng.

Zhōu: nínmen zhīdao,wǒmende gōngshè
  jiù zhòng qīngcài gen shúiguǒ.
  wǒmende qīngcài gen shúiguǒ yì-
  nían sìjì dōu yǒu súoyi cáijiao
  Sìjiqīng. wǒ xiān dài nǐmen qù
  cānguan wǒmende wēnfáng.

You know that our commune grows
only vegetables and fruits. Our
vegetables and fruits are available
all year round. That's why we are
called Evergreen. Let me first take
you to our greenhouse.

(zài wēnfángli)

Zhào: aīya! Zhonghǎi,nǐ kàn. zhèi-
  ge wēnfang zěnmo zěnmo dà-a! zèn-
  mo dūo gūa,gúo,cài. yòu dà; yòu
  hǎo.

Wow! Zhōnghǎi,look. How very big
this greenhouse is! There are so
many squashes,fruits and vegetables.
They are not only big but good.

Zhōnghǎi: kàn. zhèishi shénmo gūa?

Look. What kind of squash is this?

Zhào: nèige?

Which one?

Zhōnghǎi: shàngtou gùazhede nàxie.

Those hanging on the top.

Zhào: wǒ xiǎng nàxie shi sīgua.

I think,those are green squash.

Zhōnghǎi: kànzhe yǒu yìdiar xiàng
  huānggūa.

They look a little like cucumbers.

Zhōu: nàxie shi kǔgua. yǔankàn yǒu
  yìdiar xiàng húanggua. jìnkan
  jiù búxiàngle. chīzhe gèng bú-

Those are bitter-melons. from a
distance they look a little like
cucumbers but not at close range.

- 39 -

xiang. kǔgua kǔ kěshi chǎo ròu
zuò tāng dōu hén hǎochī.

They taste even less like cucumber.
Bitter-melon is bitter but it is deli
cious whether it is cooked with meat
or in a soup.

Zhào: Zhōnghǎi, lái zhèr. kàn zhèikē
báicài dūo dà-a! nǐmen Shànghǎi
yǒu zènmo dàde báicai ma?

Zhōnghǎi, come here. Look at this
cabbage, how very big! Do you have
such big ones in Shànghǎi?

Zhōnghǎi: zhēn dà. Shànghǎi yǒu méi-
you wǒ bù zhīdào kěshi wó yǐqian
méiyou jiànguo zènmo dàde.

It's really big. Whether Shànghǎi
has it or not, I don't know. However,
I haven't seen such a big one before.

Zhōu: liǎngwei xīansheng, guòlai kàn
wǒmende dòuzi. yòu lǜ yòu dà yòu
hǎochī. háiyou qiézi, xīhongshì
shénmode. nínmen zǒude shíhou,
kéyi dài yìdiar huíqù.

Come over here(you two gentlemen) to
see our beans. They are green, big and
delicious.   Also see our eggplants,
tomatoes and others. When you leave,
you may take some with you.

Zhào: xièxie, búyao kèqi. wǒmen mǎi
yìxie dài huíqu ba. nǐmen líng-
mài ma?

Thanks. You are very kind. We could
buy some to take home. Do you sell
at retail?

Zhōu: bù. wǒmende qīngcài gen shúi-
gǔo dōu dàpīde gòngyīng Běijing
gen Běijingde sìjīao.

No. our vegetables and fruits are
supplied in large quantity in Peking
and the suburbs of Peking.

Zhào: zhèige wēnfangde wēndù yìnían
sìji dōu yíyàng ma? dūoshao dù?

Do you keep the temperature of the
greenhouse the same all year round?
at what temperature?

Zhōu: chàbudūo lǎoshi qīshijǐ dù.
zhèyàng qīngcài gen shúigǔo jiù
zhǎngde hǎo yè bú hùi hùai.

Almost always in the seventies.
This way, the vegetables and fruits
grow well and will not become rotten.

Zhōnghǎi: nà tāmen zhùde bǐ rén hái
shūfu ne.

In that case, they live even better
than people.

Zhōu: yìdiar yě búcùo.

Exactly. (lit. not even a bit wrong.)

PATTERN DRILL:

pǎoláipǎoqù (running back and forth)   verb plus 'lái' and verb plus 'qù'
        háizimen zài huāryúanli pǎoláipǎoqù.
        (The children are running around in the garden.)
        wǒ kànláikànqù kànbujìan Zhōnghǎi.
        (I looked and looked but could not see Zhōnghǎi.)
        tā zhǎoláizhǎoqù zhǎobudào tāde yàoshi.
        (He looked everywhere but could not find his key.)

- 40 -

wǒ xiǎng děng tā chīwán fàn yíkuàr zǒu kěshi tā zuò zài zhèr
chīláichīqù chī bùwán. (I want to wait for him to finish his dinner
to leave with him together but he just sits there eating away.)

zìjǐ (oneself)   tā zìji hùi zùo fàn.(He knows how to cook himself.)
      měitian nǐzìji lái xuéxiao háishi gen péngyou yíkuàr lái?
      (Do you come to school alone everyday or(together)with friends?)
      māma dùi dìdi shūo,"nǐzìji zùo gōngke. bú yào wèn wǒ."
      (Mother says to younger brother,"Do the homework yourself. Don't
            ask me.)
kànzhe (looking)   tā kànzhe xiàng tāde fùqin.
                  (He looks like his father.)
      zhèige cài chīzhe hěn hǎochi. jiào shénmo?
      (This vegetable tastes very good. What is it called?)
      wǒ měitian zhànzhe jiāo shū. yǒushíhou júede hěn lèi.
      (Everyday I teach standing up. Sometimes I feel very tired.)
      Wénshān zhèng gen Àihúa tánzhe hùa ne.
      (Wénshān is at this moment talking to Àihúa.)
      tā cháng cháng bù zhīdào tā chīle shénmo cài yīnwei tā
            chīzhe fàn kàn shū. (He very often does not know what he
      eats because he reads while he is eating.)
gèng (even more,in a still greater degree)
      zhèi xiē hūar hěn hǎokan. nèi xiē hūar gèng hǎokàn.
      (These flowers are very pretty. Those are even prettier.)
      Wénshān búxiàng tāde fùqin kěshi tā gèng búxiàng tāde mūqin.
      (Wénshān does not look like his father but he resembles even
         less his mother.)
      nèige wàiguo xuésheng shūo zhōngguo hùa shūode zhēn hǎo kěshi
         tāde péngyou shūode gèng hǎo.
      (That foreign student speaks Chinese really well but his
         friend speaks even better.)
lǎoshi (habitual,always)
      zǎoshàng tā lǎoshi bù qǐlai súoyi tā cháng wǎn dào.
      (He habitually cannot get up in the morning,therefore he often
         arrives late.)
      zhèige xuésheng lǎoshi bú dài shū.
      (This student always fails to bring his book.)
      nèi liǎngge rén lǎoshi zài yíkuàr shūohùa.
      (Those two persons always talk together.)

- 41 -

bǐ (to compare)   tāmen zhùde bǐ rén hái shūfu.

(They live even better than people.)

zhèige háizi bǐ nèige gāo.

(This child is taller than the other one.)

nǐde gāngbi bǐ wǒde gāngbi gùi.

(Your fountain pen is more expensive than mine.)

Aìhúade gōngke bǐ Wénshānde hǎo.

(Aìhúa's school-work is better than Wēnshān's.)

tāde fángjian bǐ wǒde shūfu.

(His room is more comfortable than mine.)

yìdiǎr ye búcùo (Exactly, not a bit wrong.)

yìdiǎr ye búhǎo.(not a bit good,no good at all)

yìdiǎr ye búgùi.(not expensive at all)

tā yìdiǎr ye búhùi shūo Yīngwén. (He does not speak English
at all.)

wǒ bú è. wǒ yìdiǎr ye chībuxìa. (I am not hungry. I can't
eat at all.)

EXERCISES:

I. Read the conversation and translate it into English without referring
to the English translation.

II.Without referring to the Pīnyīn,repeat the conversation in Chinese
with the help of the English translation.

III.Two students to recite the entire conversation in front of the class.

IV. Read the following sentences and translate into English:

1. tā xìanzai líkai Zhōngguo dào wàiguo qùle.

2. Zhōnghǎi líkai Běijing Fàndian dào chēzhàn qù.

3. jīntīande tīanqi bú tài hǎo. xīwang míngtīande tīanqi hǎo,wǒmen
kéyi chūqu wár.

4. wǒmen xúexiao méiyou xìaoyúan jìu yǒu jǐge gāolóu.

5. Běijǐng dàxúe yǒu yíge hén hǎokànde xìaoyúan; yǒu hūar,yǒu shù hái
yǒu yíge hú.

6. Wáng tàitaide hūaryúanli yǒu hén dūo hūar. chūntīande shíhou gè-
zhǒng hūar dōu kāile;zhēn hǎokàn.

7. Wáng tàitai zùole gèzhǒngde cài qíng wǒmen chī. wǒmen dōu chīle
hén dūo.

8. nèige shūdìanli yǒu gèzhǒng yánsède bǐ. Wénshān mǎile lǐang zhī
lùde,wǒ mǎile yìzhi hóngde gēn yìzhi báide.(white one)

9. Běijing dàxuéde xiaoyuán yǒu yíge hú. zhèige hú bú dà kěshi hěn
   hǎokan, shuí hěn lǜ.
10. wó hěn xiǎng mǎi jǐke liǔshù zhòng zài wǒde huāryuánli yīnwei
    liǔshù hěn hǎokàn.
11. wǒde péngyou Měiyīng huì qí mǎ. tā měige lǐbailìu dōu qù jiāowài
    qí mǎ. tā shūo,"qí mǎ zhēn hǎowār."
12. dìdi xiǎng jiào māma gěi tā mǎi yíge jiaotachē. māma shūo,"ní
    yǐjing yǒu yíge jiaotachēle, zěnmo háiyao mǎi yíge? déng ní zhǎng
    gāole, zhèige bùneng qíle, wǒmen zài mǎi."
13. dìdi qí zài mǎ shàng. mǎ pǎoláipǎoqù, dìdi juéde hǎowar jíle.
14. tiānqi hǎo, dàjiā dōu juéde gāoxìng.
15. yǒu shíhou wǒ juéde hěn niánqing, yǒu shíhou juéde hěn lǎo.
16. cóng zhèr dào Měiyīngde jiā zhǐ yào zǒu shí fēnzhong jìu dàole.
17. jīntian wǒ zhǐ yǒu yí kuai qían. wǒ bùneng chī zhongfàn.
18. qǐng wèn, gōnggong qìche zhàn zài nǎr?
19. "xiānsheng, nín zùo zhèige gōnggong qìche wàng běi zǒu, zùo sì zhàn
    jìu dàole."
20. "qǐng wèn, cóng zhèr dào Tiānanmén yào zùo jǐ zhàn gōnggong qìche?"
21. wǒ dào Wáng tàitai jiā qùguo liǎng cì le. měi cì tā dōu qíng wǒ
    chīfàn. tā zhēn kèqi jíle.
22. Wáng tàitai zùode cài tèbie hǎochī.
23. jīntiānde tiānqi tèbie hǎo. wǒmen dōu bùxiǎng zài jiāli, xiǎng
    chūqu wár.
24. tā chīguo liǎng cì zhōngguo fàn, juéde zhōngguo fàn hěn hǎochī.
    hái xiǎng gen péngyoumen qù chī.
25. nèige gōngshè yǒu wú bǎi shèyuán.
26. háiyou shíwu fēnzhong jìu xiàkèle, zhèige xuésheng cái lái. tā lǎoshi
    wǎn dào yīnwei zǎoshang tā bùneng qǐlái.(xià kè - class is over)
27. jīntiānde zhōngwen kè cái láile shíge rén. (kè - lesson, class)
28. wēnfánglǐde wēndù yìnían sìjì dōu yíyàng.
29. qīngcài zài wēnfángli zhǎngde tèbie dà.
30. wǒ ài chī xīgua, huánggua gen sīgua kěshi bú ài chī kǔgua yīnwei
    kǔgua tài kǔ.
31. zhèigc cài hùaile kěshi wǒ bù zhīdao. chīle yǐhou juéde hěn bù
    shūfu.
32. shūdìan mǎile dàpide shū yùbei mài gěi xuésheng.
33. gōngshède cài tāmen bù líng mài.
34. wǒmen měitian yào chī ròu yě yào chī qīngcài.
35. ròu kéyi chǎo qíezi, dòuzi, báicai gen húanggua, dōu hěn hǎochī.

- 43 -

V. Say the following paragraphs in Chinese:
1. Peking university is in the western suburb of Peking. That
   university has a large and nice campus. There are two lakes.
   The one in front of the administration building is a small lake.
   On the lake there is a stone-bridge. At the back of the building
   there is another lake which is bigger than the one in front.
   Weeping-willow trees were planted around the lake. In the spring,
   you will see a vast expanse of green.   There are also all kinds
   of flowers. When they are in bloom, they are really beautiful.
2. The Evergreen People's Commune has a very big greenhouse. Inside
   the greenhouse, members of the commune grow all kinds of vegetable
   and fruit.   There are green squashes, cucumbers, bitter-melons, bean
   eggplants, cabbages, tomatoes and apples etc. These vegetables and
   fruits grow very nicely in this greenhouse because the temperature
   is always kept in the seventies all year round. Besides supplying
   the commune itself, a large quantity of the vegetables and fruits
   supply the city of Peking and the suburbs of Peking.
3. The other night, Mrs Wáng invited many friends to dinner at her
   house. She made many dishes (of food).There were chicken soup,
   dumplings, fried meat with green-squash and eggplant.They were all
   delicious. We also drank tea and ate watermelon. Everybody (all)
   enjoyed it very much.
4. Almost all young people ride bicycles. Students who live in the
   suburbs can ride bicycles to school but those who live in the
   city cannot ride to school because there are too many buses and
   cars on the streets. They all have to take subways and buses.
NOTES ON GRAMMAR:
Question words 'shénmo'(what) and 'shéi'(who)
     When 'shénmo' is used in a question, it means 'what':
                    nǐ yào shénmo? (What do you want?)
                    nǐ xiǎng chī shénmo? (What do you want to eat?)
     but when 'shénmo' is used in a negative statement, it means 'anything
                    wǒ bú yào shénmo. (I don't want anything.)
                    wǒ bù xiǎng chī shénmo.(I don't want to eat anything.)
     The same applies to the question word 'shéi':
                    nǐ zhǎo shéi? (Whom do you want to see?)
                    wǒ bù zhǎo shéi.(I don't want to see anybody.)

NEW CHARACTERS AND CHARACTER COMBINATIONS:

就　　(jìu) just, then　　　　　　气　　(qì) air

春　　(chūn) spring　　　　　　天气　　(tīan qì) weather

夏　　(xìa) summer　　　　　　肉　　(ròu) meat

秋　　(qīu) autumn　　　　　　瓜　　(gūa) melon, squash

冬　　(dōng) winter　　　　　　水　　(shǔi) water

站　　(zhàn) stand, station　　果　　(gǔo) fruit

社　　(shè) cooperative organization　　温度　　(wēn dù) degree of
　　　　　　　　　　　　　　　　　　　　　　　　　　　temperature

就来　春天　夏天　秋天　冬天　车站　公社　水果　生气　西瓜

READING SELECTION:

1. 从这儿到四季青公社有多少里？　坐公共汽车要坐几站？

2. 文山在北京上学，中海在上海教书，他们不常见。　中海是文山父亲的朋友，中海跟
文山很久没见了。　春天，中海来北京玩儿跟看王家生，现在他离开北京回到上海教
书了。

3. 北京在夏天有很多水果。　要是你走在路上，你会看见很多西瓜，也会看见很多人站
在路上吃西瓜，因为北京夏天的温度常在八十多度，人人想喝水，西瓜有很多水也好
吃。

4. 四季青公社有很多水果跟青菜，他们的水果很大也很多。　那天中海去了，他吃了很
多水果也买了很多水果跟青菜。

5. 文山爱吃肉，不爱吃青菜，王太太说，"一个人要吃肉也要吃青菜跟水果。"　文山
说，"我不爱吃青菜，我就吃水果吧。"

6. 上海的天气秋天跟冬天都很好可是春天跟夏天的天气不很好，夏天的温度常在八十多
度。

7. 公共汽车站在四季青公社的外头，中海回城里就在那儿坐汽车，因为四季青公社在城
外离北京饭店有十二，十三里，他坐了很久，到了北京饭店，他很累也很饿。

8. 北京大学离四季青公社很近，坐公共汽车就坐四站，走路也不很远，一会儿就到了，
因为一共就有三里路。

9. 我家的温度在冬天跟夏天都是六十八度。

10. 文山跟爱华一块儿去吃饭，吃了饭，他们还去看一个朋友。 那天天气很好，文山说，"他家离这儿不远，我们走路去吧。" 爱华不想走路她想坐汽车，她说，"我们还是坐公共汽车吧，我有一点儿累。"

Sìjìqīng Gōngshè

LESSON XXII   ZHONGHAI IS SICK

New syllables:

bing   chuang   duan   gai   fei   sou   re
                                                                 shou

teng   xu   zhuan
tui   xiong   zui

Vocabulary:

tóu   head
tóu téng   headache
      téng   pain, ache
dàgài   probably, most likely
tǎng   to lie down
chuáng   bed
yíxiàzi   in a flash, in no time at all
shùi   to sleep
shùizhǎo   to fall asleep
xǐng   to wake up (jìao xǐng - to wake up someone)
érqǐe   also
rè   hot
xīn   heart
shēng bìng   to become sick
      bìng   illness, sickness
zěnmo bàn   What shall I do?
lìkè   immediately
yīshēng   physician
lǚguǎn   hotel
lìngwài   other than this, another
bíede   other
zhēndùan   diagnosis
máfan   to bother; troublesome (adjective)
jìao mén   to knock on the door
líang   to measure
fāshāo   to have a fever
zháo líang   to catch a cold
      líang   cool
yàoshi   if
yíxìang   usually

- 47 -

xǐhuan	to like
yào	medicine
kāi fāngzi	to write a prescription(fāngzi - prescription)
zùi hǎo	had better to, the best
yéxǔ	perhaps
yùanyì	willing
hǎode kùai	to get well soon
fàn qían	before a meal
fàn hòu	after a meal
sì cì	four times
tīng	to listen
xīongbù	chest(part of the body)
késòu	to cough
jǐ shēng	a few times (lit. a few sounds)
tùi	to recede, to go down
tùi shāo	the fever goes down
yǐshàng	above
ā-si-pi-líng	aspirin
líuzhī	liquid
zhēnfèi	physician's fee
zhūanmén	exclusively
lǚ kè	traveler
shōu	to accept
shōu dào	to receive
wèi	for
yī kē	school of medicine
xīaoer kē	pediatrics

CONVERSATION:

nà tīan Zhōnghǎi cóng jīaowài cāngūanle húilai, júede bú tài shūfu. tāde tóu téng. tā xǐang tā dàgài lèile; jìu tǎng zài chúang shàng xīuxi yihǔir. yíxìazi jìu shùizháole. tā xǐnglede shíhou, júede tóu gèng téngle; érqǐe júede yǒu yìdǐar rè. tā xīnli xǐang, 'bùhǎo, wǒ shēngbìngle. zěnmo bàn?' tā lìkè dǎ dìanhùa gěi fúwutái.

Zhāng: shi fúwutái ma? wǒ shi sì-ling-yī
fángjīande Zhāng Zhōnghǎi. qǐng wèn
zhèr yǒu yīshēng ma? wǒ shēngbìngle.

Is this the service desk? This is Zhāng Zhōnghǎi of room four-O-one. May I ask whether there is a doctor here? I am sick.

fwy: òu, nín shēngbìngle. wǒmen lǚguǎnlǐ
    jiù yǒu yíwèi yīshēng. qǐng tā lái
    ne háishi lìngwài qǐng biéde yīshēng
    ne?

Zhāng: wǒ yě bú rènshi biéde yīshēng.
    jiù qǐng tā lái kànkan wǒ ba. ta
    xìng shénmo?

fwy: tā xìng Chén. tāde zhěnduàn yí-
    xiàng búcuò. rén yě hén hǎo.

Zhāng: hǎo, máfan nín qǐng tā jiù lái ba.
    wǒ júede hěn bù shūfu.

fwy: hǎo, wǒ xiànzài jiù dǎ diànhùa gěi
    tā.
(Chén yīshēng jìao mén)
Zhāng: qǐng jìn.
(Chén yīshēng jìnláile)
Chén: Zhāng xiānsheng, wǒ xìng Chén.
    júede zěnmo bù shūfu?
Zhāng: wǒde tóu hěn téng; júede hěn rè.
Chén: ràng wǒ xiān liáng liáng nǐde
    wēndù.
(liáng wēndù)
Chén: Zhāng xiānsheng, nǐ yǒu yìdiǎr
    fāshāo kěshi bú tài gāo. yǒu yìbǎi-
    líng-èr dù. wǒ xiǎng nǐ dàgài zháole
    liáng. hǎohǎode xīuxi liǎng tiān jiù
    hǎole. yàoshi nǐ xǐhuan chī yìdiǎr
    yào yé kéyǐ; wǒ jiù kāi yíge fāngzi.
    zhèyàng yéxǔ bāng nǐ hǎode kùai yìdiǎr.

Zhāng: xièxie nǐ. wǒ yùanyi hǎode kùai
    yìdiǎr. Běijīng zhídekànde dìfang, wǒ
    hái méiyou kànwán ne. wǒ xiàlǐbàilìu
    jiù děi húi Shànghǎi le.

Oh, are you sick? We have a doctor
right here in the hotel. Shall
we call him or shall we call an-
other one?
I don't know any other doctor.
Just ask him to come to treat me.
What is his name?
His name is Chén. His diagnoses
are usually good; a nice person
too.
Fine. May I trouble you to ask
him to come quickly. I don't
feel well at all.
Fine. I'll call him right now.

(Dr. Chén knocks)
Please come in.
(Dr. Chén enters)
Mr. Zhāng, my name is Chén.
Where do you feel uncomfortable?
My head aches; I feel hot.
Let me first take your tempera-
ture.
(takes temperature)
Mr. Zhāng, you have some fever
but not very high. It's one
hundred and two degrees. I think
you caught a cold. Rest a couple
of days; you'll be all right. If
you like to take some medicine,
I'll write a prescription. This
way, it might help you to recover
faster.
Thank you. I would like to get
well soon. There are still some
places worth seeing in Běijīng
I haven't seen yet. I must return
to Shànghǎi next Saturday.

- 49 -

Chén: wǒ yě xīwàng nǐ kuàidíar hǎo. zhèige yào, qíng nǐ fànhòu chī, měitīan chī sìcì. xiànzài ràng wǒ tīngting nǐde xiōngbù. qíng késòu jǐ shēng. hǎole, méi shénmo. guò yìtīan jiù hǎole.

Zhāng: fā shāo zěnmo bàn? shāo zìjǐ hùi tùi ma?

Chén: shāo zìjǐ yě hùi tùi. búguò, yìbǎi-líng-yī dù yǐshàng, nǐ zùi hǎo chī liǎngkē ā-sī-pī-líng. duō hē rède líuzhǐde dōngxi-xiàng tāng, chá shénmode; shāo chī ròu gēn fàn. duō xīuxi. guò yìtīan yàoshi hái bùhǎo, qíng nǐ zài dǎ diànhuà lái.

Zhāng: xìexie nǐ. qíng wèn nǐde zhēnfèi shi dūoshǎo?

Chén: bú kèqi. wǒ shi zhèige lǚguǎnde yīshēng zhuānmén wèi lǚkè fúwùde. bùshōu fèi.

I also hope you get well fast. Please take this medicine after meal; four times a day. Now let me listen to your chest. Please cough a few times. Good, there is nothing wrong. You will be all right in a day.

What shall I do about the fever? Will it go down by itself?

It will go down by itself. But if the temperature exceeds 101 degrees, you'd better take two aspirins. Take a lot of hot liquid like soup and tea etc, eat less meat and rice. Rest well. If you are not better by tomorrow, call me.

Thank you. Please tell me how much your fee is?

Don't mention it. I'm the residentdoctor of this hotel here to serve travelers exclusively. I don't accept any fees.

PATTERN DRILL:

shùizháo (to fall asleep)   verb plus 'zháo'

Zhōnghǎi yíxìazi jìu shùizháole.
(Zhōnghǎi fell asleep right away.)
wǒ yǐjing zài shūdìanli mǎizháole nèiben shū.
(I already found and bought the book at the book store.)
zúotian nǐ kànzháo nèi zhāng piànzi le ma?
(Did you get to see that film yesterday?)

shùidezháo (able to fall asleep)   verb plus 'de' plus 'zháo'

wǎnshang nǐ hēle chá yǐhòu, shùidezháo ma?
(Are you able to fall asleep after you drink tea in the evening?)
zài zhèr chīdezháo Zhōngguó fàn ma?
(Can one get to eat Chinese food here?)
zài Měiguó yě mǎidezháo Zhōngguó shū.
(Chinese books can also be bought in America.)

- 50 -

shuibuzháo (not able to fall asleep)   verb plus 'bù' plus 'zháo'

    zuótian wǎnshang wǒ shuibuzháo yīnwei wǒ hēle hěn duō chá.

    (I could not fall asleep last night because I drank too much
        tea.)

    zhèiben shū xianzai mǎibuzháo le.

    (This book cannot be bought anymore.)

    yàoshi nǐ hái búqu kàn nèige diànying,nǐ jiù kànbuzháo le.

    (If you still won't go to see that movie,then you won't be
        able to see it at all.)

búdàn....érqiě (not only ....but also)

    Zhōnghǎi búdàn tóu téng érqiě fā shāo.

    (Zhōnghǎi not only has a headache but also has fever.)

    jīntiande tiānqi búdàn hǎo érqiě bú rè.

    (Today's weather is good and also not hot.)

    Chén yīshēng búdàn zhěndùan hǎo érqiě rén hǎo.

    (Dr. Chén not only makes good diagnoses but also is a
        nice person.)

ILLUSTRATIVE SENTENCES:

tóuténg (headache)   Jīntiān zǎoshàng wǒde tóu hěn téng,xianzai hǎole.

                    zhèige shì zhēn tóuténg;wǒ bù zhīdào zěnmo zùo.

dàgài (probably)   tā jīntiān dàgài bù lái le;wǒmen bú yào děng tā le.

tǎng (to lie down)   shí diǎnzhōng le. Wénshān hái tǎng zài chúang shàng
                    ne.

chúang (bed)   háizi zhǎngde tài gāole; tāde chúang tài xiǎo le.

yíxiazi (in a flash)   tā yíxiazi jiù chī le sān wǎn fàn.

                    Wénshān wǔ fēnzhong yǐqían hái zài zhèr;xianzai
                      yíxiazi yòu bú jiàn le.

shui (to sleep)   Měiyīng měitiān hén wǎn shùi yīnwei tā yǒu hěn duō
                    gōngkè.

shuizháo(to fall asleep) qǐng nǐ búyào shuōhua;tā gāng shùizháo.

xǐng (to wake up)   měitian zǎoshang nǐ jǐ diǎnzhong xǐng?

                    lǐbailiùde zǎoshang wǒ hén zǎo jiù xǐng kěshi
                    tǎng zài chúang shàng bù xíang qǐlái.

érqiě (also)   zhèige xuésheng hǎo érqie yònggōng.

rè (hot)   jīntiande tiānqi hěn rè; wǒ kàn dàgài yǒu jǐushi dù.

xīn (heart)   yǒude rén xīn hǎo,yǒude rén xīn bùhǎo;xīn hǎode
                rén cháng xiǎngzhe biéren;xīn bùhǎode rén jiù
                xiǎngzhe zìjǐ.

shēng bìng (to become sick)　　tā méiyou lái shàngkè yīnwei tā shēng bìng.

shēng bìngde shíhou yào zài jiā xiūxi, búyao
pǎoláipǎoqù.

zěnmo bàn? (What shall I do?)　jīntīan yǒu kǎoshì kěshi wǒ méiyou yùbei;
zěnmo bàn?

lìkè (immediately)　　Chén yīshēng zhīdao Zhāng Zhōnghǎi bìngle,
tā lìkè jiu lái kàn tā.

lǚguǎn(hotel)　　Běijīng Fàndian shi yíge hěn yǒumíngde
lǚguǎn; tīngshuō hěn guì.

lìngwài(other than this)　　zhèixie cài wǒ dōu bùneng chī; wǒ xiǎng
lìngwài jiao yíge.

tā zuò shì hěn bùhǎo; wǒ xiǎng lìngwài zhǎo
yíge rén.

biéde (another)　　zhèizhǐ bǐ yánse bùhǎo; nǐmen yǒu biéde ma?

zhěnduàn(diagnosis)　　yīshēng zhěnduàn shuō tā zháole liáng.

nèige yīshēng hěn yǒu míng; tāde zhěnduàn
lǎoshi hěn duì.

máfan (to bother)　　nǐ jīntīan xiàwu dào shūdian qù; wǒ kéyi
máfan nǐ gěi wǒ mǎi yìběn shū ma?

jiao mén (knocking on the door)　wǒ jiaole hěn jiǔ tāde mén kěshi tā bùkāi;
tā dàgài bú zài jiā.

liáng (to measure)　　māma shuō, "dìdi lái zhèr. ràng wǒ liángyi-
liáng nǐ xianzai yǒu duō gāo."

yīshēng zhèngzai liáng Zhōnghǎide wēndù.

fāshāo(to have a fever)　　xiǎo háizi shēng bìngde shíhou cháng fāshāo
hěn gāo.

zháo liáng (to catch a cold)　　dōngtīande shíhou hěn duō rén zháo liáng.

liáng (cool)　　jīntīan tīanqì hěn liang; méiyou zuótian rè.

yàoshi (if)　　wǒmen xuéxiao fàntángde cài bù hěn hǎochī.

yàoshi nǐ xiǎng chī hǎo cài, nǐ děi dào
waitóude fàndian qù chī.

yíxiàng (usually)　　zhèige xuéshēngde gōngkè yíxiàng dōu hěn hǎo

mǔqin yíxiàng dōu qǐláide hěn zǎo. jīntīan
tā méiyou qǐlai yīnwei tā bù hěn shūfu.

xǐhūan (to like)　　nèige xuesheng bù xǐhūan shàng kè; cháng bùlá

yào (medicine)　　zhèige yào hěn kǔ; dìdi búyao chī.

kāi fāngzi (to write a
　　　　prescription)　　yīshēng kāile yíge fāngzi gěi Zhōnghài; jiao
tā měitian chī sìcì.

yéxǔ (perhaps)	míngtiānde tiānqì yéxǔ huì rè. nǐ zuìhǎo tīngle tiānqi bàogào zài chūqu.
	wǒ míngtian yéxǔ bùnéng lái. nǐmen búyào děng wǒ.
yuànyì (willing)	wó hěn yuànyì gēn nǐ qù mǎi dōngxi kěshi wǒ jīntiān zǎoshang yǒu kè.
hǎode kùai (to get well soon)	shēng bìngde shíhou yào duō xiūxi jiù kéyi hǎode kùai.
fàn qían (before a meal)	yǒude yào děi fàn qían chī; yǒude yào děi
fàn hòu (after a meal)	fàn hòu chī; bùnéng chī cùo.
sì cì (four times)	yīshēng shūo, "zhèige yào nǐ yì tiān chī sì cì."
tīng (to listen)	qíng nǐmen búyào shūohùa. tīngting tā shūo shénmo.
xiōngbù (chest)	yīshēng tīng bìngrénde xiōngbù gēn xīn.
késòu (to cough)	shēngbìng yíhòu, chángchang hùi késòu.
	yàoshi nǐ lǎoshi késòu, zùihao kùai qù kàn yīshēng.
jǐ shēng (a few times)	wǒ jiàole jǐ shēng, tā tīngbujiàn. dàgai tā zài lóushàng shùizháo le.
tùi (to recede, to go down)	xiǎo chē tùihòu ràng dà chē xiān zǒu.
tùi shāo (the fever recedes)	Zhōnghǎide shāo tùile, tā júede hǎole.
yǐshàng(above)	tāde gōngkè zài hěn dūo tóngxúe yǐshàng.
	jiālǐde wēndù, yàoshi zài qīshí yǐshàng, jiù tài rè le.
ā-sī-pī-líng(aspirin)	yīshēng shūo, "yàoshi wēndù zài 101 dù yǐshàng, nǐ jiù děi chī liǎng kē ā-sī-pī-líng.
líuzhī (liquid)	shǔi, chá gēn tāng dōu shi líuzhīde dōngxi.
zhēnfèi (physician's fee)	Měigúode yīshēng zhēnfèi hěn gāo, yǒude yào wǔshí kùai qián yícì; zài Zhōnggúo, yīshēngde zhēnfèi jiù yào jǐ máo qián.
lǚ kè (traveler)	dào Běijīng qù wárde lǚ kè cháng zhù zài Běijīng Fàndiàn.
shōu (to accept)	zài Zhōnggúo, lǚgúanlǐ dōu yǒu yīshēng. tāmen wèi lǚ kè fúwù bù shōu fèi.
shōu dào (to receive)	jīntiān wǒ shōu dàole tā géi wǒde nèiben shū.
wèi (for)	Wáng tàitai wèi wǒmen zùole hěn dūo hǎochīde cài; kùai dūo chī yìdiǎr ba.

yī kē (school of medicine)　　wǒménde dàxué méiyou yī kē. yàoshi nǐ
　　　　　　　　　　　　　　　　xiǎng xué yī, nǐ zùihǎo dào bíede xúexiao
　　　　　　　　　　　　　　　　qù xúe.

xǐaoér kē (pediatrics)　　　　hěn dūo rén xué xǐaoér kē yīnwèi tāmen
　　　　　　　　　　　　　　　　xǐhuan xǐaoháizi.

　　　　　　　　　　　　　　　nǐde fùqin shi xǐaoér kē yīshēng ma?

EXERCISES:

I. Translate the conversation line by line without referring to the
   English translation.
II. Without referring to the Pīnyīn, repeat the conversation in Chinese
   with the help of the English translation.
III. Two students to recite the entire conversation in front of the class.
IV. Read the following Chinese sentences and translate into English:
   1. nǐde tóuténg hǎole ma? yàoshi méi hǎo, jìu chī yìkē ā-sī-pī-líng.
   2. nǐmen dàgài háiméi chī zhōngfàn ba. wǒ kùai gěi nǐmen zùo fàn ba.
   3. zhèige tāng tài rè le; wó déi děng yìhúir zài hē.
   4. tā měitīan húilai dōu yào xīan shùi yìhúir yīnwèi tā tài lèi.
   5. zhèi zhāng (measure for 'bed') chúang shùizhe bù shūfu; wó xiǎng
      lìngwài mǎi yì zhāng.
   6. mǔqin jìaole tā jǐcì kěshi tā hái tǎng zài chúang shàng bù qǐlai.
   7. zúotīan wǎnshang wǒ hēle tài dūo chá shùibuzháo; jìu qǐlai kàn shū,
      dào lǐangdiǎnzhōng cái shùizháo.
   8. nǐ zùihao xīan gěi tā dǎ yíge dìanhùa kàn tā zàibuzài jīa.
   9. tā yíxìang dōu xǐngde hén zǎo, kěshi jīntīan zǎoshang tā shí dǐan-
      zhōng cái xǐng. tā shūo tā zúotīan wǎnshang húijia tài wǎn, tài
      lèile.
   10. wǒ bú yùanyì qù tā jīa. yàoshi nǐ yě búqù, wǒ jìu gèng bù xiǎng qùle.
   11. Wénshānde xīnli lǎoshi xǐangzhe Àihúa.
   12. xǐaoyúanlǐde hūar kāide hén hǎo érqiě gèzhǒng yánsè dōu yǒu.
   13. Wénshān xiǎng, "yàoshi Àihúa bìngle, wǒ jìu yídìng qù kàn tā, mǎi hūar
      gěi tā" kěshi Àihúa bù shēngbìng.
   14. Chén yīshēngde háizi shūo, "wó zhǎng dàle, yě yào zùo yīshēng gēn
      wǒ bàba yíyàng."
   15. xúe yī kēde xúesheng yào xīan shàng dà xúe ránhòu zài shàng yīxúe
      yùan.
   16. yīshēngde zhěndùan yàoshi bùhǎo, bìngrén jìu bú qù kàn tāle.
   17. zhèige háizi lǎoshi xǐhuan máfan wǒ; wó zhēn bù zhīdao zěnmo bàn.
   18. kèren láile; tāmen zài wàitou jìaomén. qíng nǐ qù kāimén ba.

- 54 -

19. tā jìnlái yǐhòu jiù bāngzhe Wáng xiānsheng zuò shì.

20. máfan nǐ, gěi wǒ liángyiliáng zhèige mén yǒu duō gāo.

21. Jiāsheng shànglǐbài yǐjing bìngle yícì; zhèige lǐbài yòu zháoleliáng.

22. yīshēng kāile yíge fāngzi; xiàwǔ wǒ qù mǎi yào.

23. zhèyang zuò yéxǔ hǎo yìdiǎr; nǐ juéde duì ma?

24. Jiāsheng xǐhuan fànqián zài huāyuánli zǒuyizou, fànhòu shuì yìhuǐr; zhèyang tā cái juéde shūfu.

25. nǐ tīngting, nèige háizi yòu zài lóuxià jiào le.

26. wǎnshang dìdi shuō tāde xiōngbù yǒu yìdiǎr téng; dàgài tā wárde tài lèi le.

27. māma wǎnshang lǎoshi késou, shuìbuhǎo.

28. nèige xuésheng yīnwèi děi zuò shì, jiù tuì xué le.

29. tā késòule jǐshēng yǐhòu, jiù shuìzháo le.

30. lǎonián rén chángcháng jiù néng chī liúzhíde dōngxi.

31. Chén yīshēng bùshōu zhēnfèi yīnwèi tā shi lǚguǎnde yīshēng.

32. wèile tāde háizimén, tā děi zuò hěn duō shì.

V. Translate the following English sentences into Chinese:

1. When you have a headache, you should take two aspirins.

2. Please don't wait for me tomorrow; I probably cannot come.

3. I would like to drink something hot; do you have tea?

4. If you do not feel well, you should lie down. You may lie down on my bed.

5. Please sleep a while; I will call you at four o'clock.

6. In no time at all that child disappeared on his bike.

7. Please don't wake him. He just fell asleep a moment ago.

8. Can you fall asleep after you drink tea?

9. You better come to my house first; we will go there together.

10. The doctor listens to his heart and chest.

11. He did not attend class because he was sick.

12. My friend is a pediatrician.

13. Sir, do you want to buy another pen? What color?

14. May I trouble you to pass me my key?

15. It must be Wénshān knocking outside. I know he does not have his key.

16. Let me measure you to see how tall you are.

17. Zhōnghǎi is sick. He has a slight temperature.

18. During the winter time, a lot of people catch cold.

19. Today's weather is a little cool;it is very comfortable.
20. Give me the prescription;let me go to get the medicine.
21. He is probably an American,but he speaks Chinese very well.
22. That child runs really fast.
23. Would you like to accompany me to see a movie?
24. Don't talk;listen to what he says.
25. Today his temperature has come down;he feels well.
26. Last night,I could not sleep;I heard him coughing a few times.
27. This person lives here.He is not a traveler.
28. This hotel is exclusively for foreign travelers.
29. Have you received that book which I bought for you yesterday?
30. Dr. Chén says he does not accept any fees.

NEW CHARACTERS AND CHARACTER COMBINATIONS:

病	(bìng) illness	凉	(líang) cool
痛	(téng) pain,ache	甚么	(shén mò) what
睡	(shùi)to sleep	时候	(shí hòu) time
睡觉	(shùi jìao) slumber	的时候	(...de shí hòu) when
觉	(júe) to feel	快	(kùai) quick,fast
床	(chúang) bed	医生	(yī shēng)physician
别的	(bíe de) other ones	能	(néng)able to,can
别	(bíe) don't	着凉	(zhǎo líang) to catch cold

READING SELECTION:

1. 中海生病了，他睡在床上，他觉得头痛，他的温度是１０１度。

2. 冬天的时候很多人都生病，文山家里的人也都病了，他们请医生来看他们。

3. 有一天爱华跟文山一块儿去一个晚会。 在那个晚会里他们看见很多朋友，他们在一块吃饭，喝茶，说话觉得很好玩，一下子就到了回家的时候了。 爱华家离那儿不远她说她要走路回去，文山说，"我先跟你走一走吧。" 他们到了爱华家，文山就坐公共汽车回家。

4. 那天晚上爱华走回家的时候，天气有一点儿凉，爱华也觉得凉可是她没有说甚么。第二天她生病了，她的头很痛，睡在床上不能起来，她想，"不好了，我生病了，要是我今天睡一天明天就会好了吧。" 可是她没有好，钱太太说，"我还是请医生来看看你吧。"

5. 爱华生病的时候她觉得头很痛，不想吃甚么，就想喝水，想睡觉，文山来看她可是爱华不想说话，因为她有温度。 文山坐了一会儿就出去跟钱太太说话去了。 钱太太想请他吃饭，可是文山不想在钱家吃饭，因为爱华不能吃饭，就是钱先生跟钱太太跟他一块儿，他觉得没有意思，他就谢谢钱太太回家去吃饭了。

6. 那天到钱家给爱华看病的医生姓夏，他是钱先生的朋友，人很好，也是一个好医生，他有很多病人，一天到晚的忙也不觉得累。 他到了钱家的时候，钱先生跟太太都在家。他们请他喝茶，他说，"谢谢你们，明天我来喝茶吧，现在我还要去看别的病人，现在天气不好，很多人都着凉，叫爱华多睡觉，多喝水，喝茶，明天就好了。"

7. 早上文山睡在床上不想起来，他想，"爱华病了三天了，今天在学校里还是看不见她，很没意思。 今天早上就有一课中文，我想不去上课，到钱家去看爱华吧。" 他在想的时候，王太太来了，她说，"文山快起来去上课，你在想甚么？ 要是你想去看爱华，晚上我跟你一块儿去，因为我很久没有看见钱太太了，我也想去看看她。"

8. 那天晚上，王太太，王家生跟文山都去钱家了，王太太还买了水果给爱华，他们到了钱家的时候，爱华在睡觉，钱太太说，"谢谢你们来，还买水果给爱华，我去看看她是不是还在睡觉。" 王太太说，"别叫她，我们先坐下说一会儿话吧。" 子人说，"爱华就是着了凉，没甚么，今天没有温度了，可是她还是不想吃饭，她说她想明天回学校因为她有很多功课。 我看她不能回学校。 我们问夏医生吧。"

LESSON XXIII GOOD-BYE,ZHONGHAI

New syllables:

bian	cu	lin	man	nǚ	pang	song	tao
bo						sui	

zhuo

Vocabulary:

huǒchezhàn	train station
shōushi	to clean up,to pack
jìan xíng	farewell dinner
dìanhua xǐang	the telephone rings
búbì	not to need
gùode kùai	Time passes swiftly.(used exclusively with time.)
háohǎode wár	to enjoy (a trip or something)
zhèi cì	this time
shàng cì	last time
xìa cì	next time
sòng	to see someone off;to present a gift
bùhaoyìsi	embarrassing (Chinese idiom)
kùai chē	express train
màn chē	local train
màn	slow
bān	measure word for scheduled train,bus and airplane
tíng	to stop
tóngshí	simultaneous
dàjīa	everybody
zhù nǐ yílu píngān	wishing you a safe journey
súibìan	as one pleases,at ease
súibian zùo	sit anywhere
bómǔ *	aunt
bóbo	uncle (father's older brother)
shūshu	uncle (father's younger brother)
nènmo	in that way
nènmo hǎochi	so very delicious
pàng	fat (to describe a person)
féi	fat (to describe an animal)

* In China,young people are taught to address the friends of their
  parents as aunts and uncles even though they are not related.

é	goose
zhī	(measure for geese and all other animals)
tǎoyàn	annoying, bothersome
xiàohua	joke
dòu	to tease
zài fànzhuō shang	at the dinner table (fànzhuō - dining table)
zhuōzi	table
bùdéliǎo	Oh, my goodness! (Chinese idiom of surprise)
biànfàn	informal dinner, simple meal
jiǔ	wine, liquor
Máo-tái	a strong Chinese liquor made of sorghum
bái jiǔ	white wine
xiōng	strong, powerful, fierce
pí jiǔ	beer
qì shuǐ	soda
Láoshān	Láo mountain in Qīngdǎo, Shāndōng province
jǔ bēi	to hold up the glass, to propose a toast
fěnsī	rice-noodle, vermicelli
ròuwán	meat-balls
bái cài	Chinese cabbage (white color)
shīzitóu	Lions'Head (a northern dish-pork meat-balls cooked with cabbage)
zuòbuliǎo	unable to do
hóngshāo	dishes cooked in soy sauce
bié kèqile!	Don't be so modest!
hóngshāo yú	fish stewed in soy sauce
yú	fish
tiáo	(measure for 'fish')
tángcù yú	sweet-and-sour fish
táng	sugar; candy
cù	vinegar
chǎo niúròu	sautéed beef (niúròu - beef; niú-cow, ox, bull)
zhūròu	pork (zhū - pig)
yùjian	to bump into someone
nán	male
nǚ	female
yuánlái	it turns out to be, actually
zùi xǐhuan	to like best (zùi - utmost)

línshí	temporary;impromptu;at the last moment
juédìng	to decide
yǎn	to perform,to act
yǎnyuán	actor,actress

CONVERSATION:

guòle liǎng tīan Zhōnghǎide bìng hǎole. tā jìu qù cānguānle yǐqian tā xiǎngyào qùde jǐge dìfang. lǐbai wǔde zǎoshang, tā xiān qù huǒchezhàn mǎile huǒchepìao ránhou huídao lǚgǔan shōushi xíngli;xìawu tā qù mǎile yìxīe dōngxi jìu yùbei dào Wáng jīa qù chī wǎnfàn. yīnwei tā míngtian zǎoshang yào húi Shànghǎile,tāmen wèi tā jiànxíng. tā zhèngzai shōushide shíhou,diànhua xiǎngle;yúanlai shi Jīashēng. Jīashēng shūo,"Zhōnghǎi, yùbei hǎolema? lìu diǎnzhōng chīfàn kěshi xīwang nǐ zǎoyìdiar lái. yào- buyao Wénshān lái jīe nǐ?" Zhōnghǎi shūo,"wǒ chàbudūo dōu yùbei hǎole; jìu láile. wǒ zìjǐ hùi zùo gōnggōng qìche,Wénshān búbì láile. yìhǔir jìan ba."

(zài Wáng jīa)

Jīashēng: Zhōnghǎi,qǐng zùo. zhèi liàngge lǐbai gùode zhēn kùai-a. hái méi hǎohǎode péi nǐ wárwar; nǐ jìu yào zǒule. míngtian zhēn zǒuma? jí diǎnzhōng? wǒ zhèi cì yídìng děi qù sòng nǐ. shàng cì nǐ láide shíhou,wǒ méiyou qù jīe nǐ,tài bùhǎoyìsi le. nǐ shìbushi zùo zǎoshang shí diǎnzhōngde kùaiche? wǒ zhīdao bā diǎnzhōng yé yǒu yì bān chē kěshi shi màn- che;měiyizhàn dōu tíng. wó xiǎng zhèi liǎng bān chē chàbudūo tóng- shí dào Shànghǎi.

Zhōnghǎi: dùile. wǒ shì zùo shí diǎnzhōngde chē. zhèiban chē hěn kùai yé hěn shūfu.

(Wénshān dàizhe Qían Aìhúa,Qían zǐ- rén gēn Qían tàitai jìnláile)

Wénshān: baba,Qían bóbo,Qían bómǔ gēn Aìhúa dōu láile.

Zhōnghǎi,please sit down. These two weeks passed so quickly. We haven't taken you anywhere yet;now you are leaving us. Are you really leaving tomorrow? At what time? I must see you off this time. It was really embar- rassing that last time I did not meet your train when you arrived. Are you taking the ten o'clock express? I know there is another train which leaves at eight,but that one is a local;it stops at every station. I think they both arrive at Shànghǎi at about the same time.

Yes. I am taking the ten o'clock train. This train is fast and very comfortable.

(Wénshān bringing in Qían Aìhúa,Qían zǐrén and Mrs. Qían)

Dad,uncle Qían,auntie Qían and Aìhúa are all here.

Jiasheng: où, Zìrén, Qián tàitai, Àihúa, zhēn hǎojíle; dàjiā dōu láile. wǒ yě qǐngle Yǒuméi kěshi tā jīntiān wǎnshang yǒu shì; tā bùnéng lái. tā shūo, zhù nǐ yílù píngān. dàjia qǐng súibian zùo ba.

Oh, Zìrén, Mrs. Qián, Àihúa, everyone is here; marvelous! I also invited Yǒuméi but tonight he is busy; he cannot come. He said, he wished you a pleasant trip. Please sit down, everybody.

Zìrén: Zhōnghǎi, zhēn gāoxìng yǒu néng kànjian nǐ. tīng Wénshān shūo, nǐ míngtian jìu húiqu le. zěnmo bù dūo zhù jǐtian ne? Běijīng yǒu hěnduo zhídekànde dìfang-a.

Zhōnghǎi, so happy to see you again. I heard Wénshān said that you were going back tomorrow. Why not stay a few days more? There are a lot of places worth seeing in Běijīng.

Àihúa: Wáng bómu ne? tā yídìng zài chúfang lǐ; wǒ qù kànkan tā.

Where is Auntie Wáng? She must be in the kitchen; I'll go to see her.

Wénshān: wǒ péi nǐ qù; yéxǔ māma yào wǒ bāng tā máng.

I'll go with you; perhaps mama needs me to help her.

Qián tàitai: dùile! wǒ yě qù chúfang bāngbang tā ba.

Right! I should also go to the kitchen to give her a hand.

(zài chúfang lǐ)

(in the kitchen)

Wáng tàitai: aīyā! Qián tàitai, zhēn gāoxìng nǐ néng lái. nándé jìan.

Oh! Mrs. Qián, I am so happy that you could come. We hardly see each other.

Qián: yǒu shénmo kéyi bāngmángde ma? nǐ kàn, nǐ zěnmo zùole zènmo dūo cài!

Is there anything that I can do? Look, why do you make so many dishes! They all look so delicious. auntie

Àihúa: kànzhe dōu nènmo hǎochī. Wáng bómǔ, wǒ zhēn děi lái gēn nín xúexue.

Wáng, I must come and learn from you.

Wénshān: nà nǐ lái-a. měitian xúe yí-ge cài, chī yíge cài. yìnían sān bǎi lìushí wǔ tīan, nǐ jìu xúehùi sān bǎi lìushí wǔge cài; yě chī sān bǎi lìushí wǔge cài. nà nǐ jìu yào pàng-de xìang yìzhī dà féi é le.

In that case, come. You learn one dish every day, eat one dish every day. In one year, in 365 days, you can learn 365 dishes and also you eat 365 dishes. Then you will be as fat as a big fat goose.

Àihúa: Wáng bómǔ, nín kàn Wénshān dūo táoyàn. nín mà tā ba.

Look, auntie Wáng, Wénshān is so annoying. Please scold him.

Qián tàitai: Wénshān zhēn yǒuyìsi. zhēn hùi shūo xìaohua.

Wénshān is cute. He really knows how to joke.

Wáng tàitai: Wénshān, kùai bǎ zhèige tāng ná chūqu. bíe dòu Àihúa le.

Wénshān, quickly take this soup out. Don't tease Àihúa anymore.

Àihúa: zhèige cài yě ná chūqu ba? wǒ lái ná.

Shouldn't this dish be taken out too? Let me take it out.

wáng tàitai: xièxie. nǐmen dōu chūqu qǐng tāmen dōu zuòxia ba. cài dōu hǎole, chīfànle.

(zài fàn zhuō shàng)

Zhōnghǎi: bùdéliǎo, zènmo duōde cài. wáng tàitai, nín tài kèqile.

wáng tàitai: méiyou shénmo cài; biànfàn. suíbian chī, búyao kèqi. lái, xiān hē diǎr jiǔ ba. Jiāshēng, wèn tāmen jǐwèi dōu xiǎng hē shénmo jiǔ? wǒmen yǒu Máo-tái, bái jiǔ, hóng jiǔ gēn pí jiǔ.

Zhōnghǎi: nǐmen hē Máo-tái ba. wǒ kě bùneng hē; tài xiōng le. wǒ hē bái-jiǔ ba.

Zìrén: wǒ yě bùneng hē Máo-tái. wǒ xiǎng jiù hē diǎr pí jiǔ ba.

Jiāshēng: Qián tàitai ne? nín hē shénmo?

Qián tàitai: wǒ kéyi hē yìdiǎr hóng jiǔ.

Wáng tàitai: hǎo, wǒ péi nǐ hē diǎr hóng jiǔ. Aìhúa yě hē yìdiǎr ma?

Aìhúa: bù, wǒ búhuì hē. wǒ hē shuǐ ba.

Wénshān: nǐ hē qìshuǐ ba. wǒmen liǎngge rén hē Láoshān qìshuǐ ba. hǎo hē jíle.

Jiāshēng: (jǔ bēi) wǒmen dàjiā zhù Zhōnghǎi 'yílù píngān'.

Qián tàitai: xià cì zàilái Běijīng, qǐng bǎ Zhāng tàitai dài lái; ràng wǒmen yě rènshi rènshi tā.

Aìhúa: Wáng bómǔ, zhèi jiào shénmo tāng-a? zènmo hǎo hē!

Wáng tàitai: nǐ xǐhuan ma? shi fěn-sī-ròuwán-báicài tāng.

Thank you. You all go out and ask them to sit down. All the dishes are ready; we'll eat now.

(at the dinner table)

Oh my! So many courses. Mrs. Wáng, you are too polite.

Nothing worth mentioning. It's only a simple meal. Help yourself. Don't stand on ceremony. Let's drink some wine first. Jiāshēng, ask them what kind of wine they all prefer to drink? We have Máo-tái, white wine, red wine and beer.

You may drink Máo-tái. I certainly cannot take it; it is too strong. I'll drink white wine.

I cannot drink Máo-tái either. I'll just drink some beer.

How about Mrs. Qián? What would you like to drink?

I can drink a little red wine.

Fine, I'll drink some red wine with you. Aìhúa also?

No, I don't drink. I'll drink water.

Drink some soda then. We two will drink some Láoshān soda. It is most delicious.

(Holding up the glass) We all wish Zhōnghǎi 'a pleasant trip'.

Next time when you come to Běijīng again, please bring Mrs. Zhāng along; let us also meet her.

Auntie Wáng, what soup is this? It is so delicious!

Do you like it? It is pork meat-balls with vermicelli and cabbage.

Qián tàitai: nín zhèi wǎn'shīzitóu'
    wǒ kě zuòbuliǎo zènmo hǎo.
    This 'Lions-Head' dish is most delicious.
    I can never cook so well myself.

Wáng tàitai: bié kèqile. wǒ zhīdao
    nǐ zuòde hǎo. shàngci nèitíao
    hóngshao yú hǎode bùdéliǎo.
    Don't be so modest. I know you cook
    well. Last time, the fish in soy sauce
    was really very delicious.

Qián tàitai: nǎr yǒu nǐ jīntian zhèi-
    tíao tángcù yú hǎo-a.
    How could mine compare with your
    sweet-and -sour fish to-night.

Aìhúa: nǐmen liǎng wèi dōu zènmo
    kèqi. wǒ shūo, Wáng bómǔ gēn māma
    dōu hùi zùo cài. wǒ jìu hùi chī
    cài.
    You two are both trying to be modest.
    I say, auntie Wáng and mother both
    are good at cooking. I only know
    how to eat.

Zhōnghǎi: Aìhúade hùa yìdiǎr yě bú-
    cùo. wǒmen jìu hùi chī cài. kàn
    zhèige chǎo níu-ròu;yòu hǎokàn,
    yòu hǎochī. nǐmen kùai chī ba.
    What Aìhúa said was quite right. We
    only know how to eat. Look at this
    sautéed-beef;it is not only delicious
    but also good to look at. You'd better
    eat some quickly.

Jiāshēng: Zhōnghǎi,yàokànde dìfang
    dōu kànle ma? chángchéng qùle
    méiyou?
    Zhōnghǎi,did you visit all the places
    you wanted to see? Did you go to the
    Great Wall?

Zhōnghǎi: shànglǐbai lìu qùguole.
    nèitian tīanqì hén hǎo,yóu kè hén
    dūo. où,wǒ hái yùjian Aìhúa gēn
    tāde yíwèi nán péngyou ne. hāha!
    Yes,I went there last Saturday. The
    weather that day was fine; there
    were many visitors. Oh I also met
    Aìhúa and one of her boy friends.
    Hāha!

Aìhúa:yě búshi shénmo nán péngyou,
    jìu shi yíge tóngxúe.
    He is not a boy friend, just a school-
    mate.

Wénshān: où,nǐ búshi shūo,nǐ yóu
    kǎoshì gēn jiāo bàogào;bùneng qù
    kàn diànyǐng ma? yúanlái shi qù
    chángchéng!
    Oh,didn't you say that you had to
    prepare for the tests and to write
    your report;that you could not go to
    the movies? It turned out that you
    went to the Great Wall!

Aìhúa: búshi,shi línshí júedìngde....
    wǒ tīngshūo nèizhāng piànzi hái
    zài yǎn ne;nǐ hái xǐang qù kàn ma?
    No, it was only decided at the last
    moment....I heard they were still
    showing that film;do you still want
    to go?

(Wénshān bù shūohùa)
    (Wénshān does not speak)

Aìhúa: Wénshān,wǒ wèn nǐ hùa ne.
    Wénshān,I am asking you something.

Wénshān: où,dùibuqǐ,wǒ yǒu yìdiǎr
    tóuténg;wǒ děi qù chī yìkē ā-sī-pī-
    líng.
    Oh,I'm sorry, I have a slight headache;
    I have to take an aspirin.

PATTERN DRILL:

  háohǎode wár (to enjoy pleasantly, to play nicely)   The repeated
    adjective with 'de' is used here as compound adverb modifying the
    verb which follows.
          māma shūo,"dìdi,nǐ gēn péngyoumén zài wàitou háohǎode wár."
          (Mother says,"little one,you play nicely with your friends outside.)
          Zhōnghǎi zài Běijīng háohǎode wár le liǎngge lǐbài.
          (Zhōnghǎi enjoyed two weeks'pleasant stay in Běijīng.)
          chīfàn búyào chīde tài kùai; yào mànmànde chī.
          (When you eat,do not eat too fast; you must eat slowly.)
          wǒmen háiyou hěn dūo shíhou,nǐ mànmànde chī ba.
          (We still have plenty of time,please eat slowly.)
          gōnggong qìche jìu yào kāile; qǐng nǐ kùaikùaide lái.
          (The bus is about to leave; please come quickly.)
          māma zài jìao nǐ,qǐng nǐ kùaikùaide qù.
          (Mother is calling you,please go quickly.)
  wǒ shì zùo zhèibān chē.(I am indeed taking this train.)   The verb to-be
    'shì' is used to emphasize what the sentence is already stating.
          tā shì bù xǐhūan chī Zhōngguo fàn.
          (He indeed does not like to eat Chinese food.)
          tā shì júede bù shūfu.
          (He does feel sick.)
  súibian zùo (Sit anywhere.)   'súibian' plus 'verb' indicates: to do
    something the way as one pleases.
          Jīashēng qǐng kèrén súibian zùo.
          (Jīashēng asks his guests to sit down wherever they like.)
          mǎile pìao yǐhòu,dàjīa kéyi súibian zùo.
          (After you buy the tickets,you may sit anywhere you like.)
          Wáng tàitai shūo,"dàjīa súibian chī,búyào kèqi.)
          (Mrs. Wáng said,"Help yourself everybody,don't stand on ceremony.)
          xúeshengmén zài xìaoyúan lǐ súibian wár.
          (Students do as they like on the campus.)
          túshugǔan lǐde shū,nǐmen kéyi súibian kàn kěshi bùneng ná chūqu.
          (You may read any book you like in the library,but you cannot
             take them out.)
          lǎo péngyoumén zài yíkùar súibian tán,tánde gāoxìng; shíhou jìu
             gùode kùai jíle.
          (Time passes so swiftly when old friends get together to have a
             hearty chat.)

zuòbuliǎo (unable to do)   'verb' plus 'buliǎo' means 'unable to do
                             something'.
       wǒ zuòbuliǎo nènmo hǎo. (I cannot do that well.)
       nèige háizi chībuliǎo liǎngge bāozi. (That child will not be able
          to eat two dumplings.)
       jīntian wǎnshàngde wǎnhùi wǒ kǒngpa láibuliǎo.
       (I am afraid I will not be able to come to tonight's party.)
zuòdeliǎo (able to do)   'verb' plus 'deliǎo' means 'able to do something'.
       wǒ xiǎng nǐ zuòdeliǎo zhèige shì.
       (I think you will be able to do this job.)
       nǐ míngtian láideliǎo ma? (Will you be able to come tomorrow?)

ILLUSTRATIVE SENTENCES:
huǒchēzhàn (train station)   jīntian xiàwu wǒ děi qù huǒchēzhàn jiē péngyou.
shōushi (to clean up)   Àihúa xǐhuan shōushi tāde fángjiān.
jiàn xíng (farewell dinner) péngyou líkāide shíhou, wǒmen wèi tā jiànxíng.
diànhua xiǎng (The telephone rings.) diànhua xiǎngle, nǐ tīngjian le ma?
búbì (not to need)   jīntian xiānsheng bìngle, wǒmen búbì shàng kè.
guòde kùai (Time passes swiftly.)
                             shíhou guòde tài kùaile; háizimén dōu zhǎng dàle.
hǎohǎode wár (to play   nicely; to have fun)
                             wǒ yào zài zhèr hǎohǎode wár jǐ tian.
zhèi cì (this time)   zhèi cì wǒ bùneng lái kàn tā yīnwei wǒ bìngle.
shàng cì (last time)   shàng cì wǒmen qù kàn diànyǐng tā bùneng qù;
                                zhèi cì tā yòu bùneng qù.
xià cì (next time)   xià cì qǐng nǐ bǎ háizi dài lái.
sòng (to see someone   off; to present a gift)
                             jīntian tā zǒu, nǐ yě qù sòng tā ma?
                             zuótian tā sòngle wǒ yìben shū.
bùhǎoyìsi (embarrassing)   tā bìngle wǒ méiyou qù kàn tā, zhēn bùhǎoyìsi.
kùai chē (express train)   nǐ měitian shàng xúe zùo kùai chē háishi mànchē?
màn chē (local train)   cóng wǒ jiā dào xúexiào jìu yǒu mànchē.
bān (scheduled train or bus) zhèi bān chē yǐjing zǒule, nǐ děng xià yì bān ba.
tíng (to stop)   mànchē měizhàn dōu tíng.
tóngshí (simultaneous)   tāde liǎngge háizi tóngshí shàng dàxúe.
dàjiā (everybody)   jīntiande tiānqì hěn bùhǎo; dàjiā dōu bùlái.
zhù nǐ yílù píngān (Wishing you a pleasant journey)
                             péngyou zǒude shíhou, wǒmen sòng tā. wǒmen
                             shūo, "zhù nǐ yílù píngān."

súibian (as one pleases)	wǒmen dàjīa súibian tántan ba.
súibian zuò (to sit anywhere)	qíng nǐmen súibian zuò; búyao kèqi.
bómǔ (aunt)	zài Zhōngguó, háizimén jìao dàren, tèbíe
bóbo (uncle, elder)	shi fùqin gēn mǔqinde péngyou bómǔ,
shūshu (uncle, younger)	bóbo gēn shūshu.
nènmo (in that way)	nǐ zěnmo nènmo hùi shūo xìaohùa!
nènmo hǎochī (so delicious)	zhèige cài nènmo hǎochī; nǐ zěnmo zuòde?
pàng (fat)	nǐ kàn, nèiwei tàitai zhēn pàng.
féi (fat)	pàng rén dōu xǐhūan chī féi ròu.
é (goose)	zuótian tā mǎide nèi zhī é hěn féi.
zhī ('measure' for animals)	wáng tàitai mǎile lǐang zhī jǐ; yìzhi zuò tāng, yìzhi hóngshāo.
tǎoyàn (annoying)	nèige rén lǎoshi dǎ dìanhùa gěi Àihúa; Àihúa júede tā hěn tǎoyàn.
xìaohua (joke)	rénren dōu xǐhūan shūo xìaohua kěshi búshi rénrén dōu hùi shūo xìaohua.
dòu (to tease)	baba zùi xǐhūan zài chīfànde shíhou dòu dìdi.
zài fànzhūo shàng (at the dinner table; on the dining table)	
	kèrénmen zài fànzhūo shang tánde hěn gāoxìng.
	nǐde nèiben shū zài fànzhūo shàng.
zhūozi (table)	qíng nǐ kànkan, zhūozi shàng yǒu dōngxi ma?
bùdelǐao! (my goodness!)	bùdelǐao! jīntian yǒu kǎoshi; wǒ méiyou yùbèi, zěnmo bàn?
bìanfàn (simple meal)	zài jīali qíng kèren chīfàn jiushi bìanfàn.
jǐu (wine; liquor)	xìanzàide rén hē jǐu hēde tài dūo.
Máo-tái (Chinese liquor)	Máo-tái jǐu hěn xīong; hěnduo rén bùneng hē.
bái jǐu (white wine)	bái jǐu gēn hóng jǐu dōushi chīfànde shíhou cháng hēde jǐu.
pí jǐu (beer)	yǒude rén chīfànde shíhou yídìng děi hē pí jǐu.
xīong (powerful; fierce)	xúeshengmén shūo, xúexìaolǐde xīansheng yǒude hěn xīong érqǐe xǐhūan mà rén. wǒ xǐang, tāmen shūode búshi wǒ yīnwei wǒ bù xīong yě bú mà rén.
qì shǔi (soda)	háizimén dōu xǐhūan hē qì shǔi.
Lǎoshān (Lǎo mountain)	měi nían qù Lǎoshān lǚxíngde rén hěn dūo.

jǔ bēi (to hold up the glass)	kèrenmén dōu jǔ bēi shuō:"Xiexie zhǔren".
fěnsī (rice noodle)	Zhōngguó rén hén xǐhuan chī fěnsī zuòde cài.
ròuwán (meat-balls)	ròuwán zùo tāng hén hǎochī. nǐmen chīguo méiyou?
bái cài (Chinese cabbage)	zhèizhóng báicài zài Zhōngguo chéng kéyi mǎidezháo; biéde dìfang mǎibuzháo.
shīzitóu (Lion's Head)	shīzitóu shi dàde ròuwán gēn báicài yí-kuar hóngshāode cài.
zùobuliǎo (unable to do)	zhèi tiáo yú tài dà le;wǒ zùobuliǎo.
hóngshāo (dishes cooked in soy sauce)	
	hěn dūo Zhōngguo cài dōu shi hóngshāode.
biè kěqile! (Don't be so modest!)	biè kěqile! wǒ zhīdao nǐde gōngkè hén hǎo.
hóngshāo yú (fish in soy sauce)	Wáng tàitaide hóngshāo yú zùode zhēn hǎo.
tángcù yú (sweet-and-sour fish)	zhèi tiáo tángcù yú lǐde cù tài dūo le; wǒ bù hén xǐhuan chī.
chǎo níu ròu (sautéed beef)	tā zùode chǎo níu ròu hén hǎochī;lǐtou yǒu qīngcài háiyou dòuzi.
yùjian (to bump into someone)	jīntian zǎoshang wǒ zài lù shang yùjian yíwei lǎo péngyou;wǒmen zhànzhe tánle hén jǐu.
nán (male)	Aìhúa yǒu hěn dūo nán péngyou kěshi tā lǎoshi shuō tā méiyou.
nǚ (female)	wǒmen xúexiǎoli nǚ xúesheng dūo;nán xúe-sheng shǎo.
yúanlái (it turns out to be)	wǒ xiǎng jīntian yǒu kǎoshi;yúanlái méiyou.
línshí (temporary;impromptu)	tā línshí zhǎobuzháo lǚgǔan;jìu dǎ dìanhùa gěi yíge lǎo péngyou xiǎng zài tāde jīa zhù yì tīan.
júedìng (to decide)	tā júedìng míngtian bùlái shàng kè.
yǎn (to perform)	zhèige dìanyǐng lǐde yǎnyúan yǎnde zhēn hǎo.
yǎnyúan (actor;actress)	

EXERCISES:
1. Translate the conversation line by line without referring to the English translation.
2. Without referrang to the Pīnyīn,repeat the conversation in Chinese with the help of the English translation.
3. Two students to recite the entire conversation in front of tne class.

IV. Read the following sentneces and translate into English:

1. Wénshān yào qǐng Àihúa xiān qù chīfàn ránhou zài qù kàn diànyǐng.
2. tāde xínglǐ hěn duō, shōushíle bàntiān(a long while) cái shōushi wán.
3. Měiyīng yóu hěn duō péngyou. yīnwei tā yào qù Shànghǎi le, tāmen jiù jǔxíng yíge wǎnhuì wèi tā jiànxíng.
4. wǒjiāde diànhuà lǎoshi bùtíngde xiǎng; chàbuduō dōu shi háiziménde péngyou dǎ láide.
5. Wáng tàitai měitian dōu qù xuéxiao lǐ jiē tāde háizimén.
6. nǐ búbì sòng wǒ; wǒ zìjǐ huì zuò gōnggong qìchē.
7. zhèige lǐbài guòde tèbíe kuài; yíxiàzi yòu shi lǐbàiwǔ le.
8. Qián tàitai mǎile huār sòng gěi Wáng tàitai; nèixiē huār hěn hǎokàn.
9. Jiāshēng juéde bùhǎoyìsi yīnwei tā méiyou qù jiē Zhōnghǎi.
10. zhèibān chē búshi kuài chē, shi màn chē. nǐ děng xià yìbān ba.
11. wǒ zhǎoláizhǎoqù zhǎobuzháo tíng chēde dìfang.
12. Àihúa gēn Měiyīng tóngshí dàole wǒjiā.
13. Zhōnghǎi yílu píngānde dàole Shànghǎi.
14. nèige rén hěn súibiàn. tā dàole péngyou jiā, súibian chī, súibian hē, yìdiǎr yě bú kèqi.
15. tā jiālǐde rén zhēn duō; yóu liǎngge bóbo, liǎngge bómǔ gēn yíge shūshu.
16. wǒ xiànzai tài pàngle. wǒ yídìng déi shǎo chī diǎr dōngxi.
17. zhèi zhī jī hěn féi. wǒ xiǎng bǎ tā zuò tāng yídìng hǎochī.
18. nèige rén zhēn tǎoyàn; zùi xǐhuan zài túshuguǎn lǐ biéren kànshūde shíhou shuōhuà.
19. yǒude rén shuō xiàohua biéren xiào; yǒude rén shuō xiàohua biéren búxiào, tā zìjǐ xiào.
20. māma dùi dìdi shuō, "yàoshi biéren dǒu nǐ, nǐ jiù dǒu tā; búbì gàosu wǒ."
21. dà háizi zùi xǐhuan dǒu xiǎo háizi.
22. nèige wàiguó xuésheng zhēn bùdeliǎo! cái xuéle yì niánde zhōngwén jiù shuōde nènmo hǎo.
23. wǒ zùi xǐhuan dào péngyou jiā chī biànfàn yīnwei chīde zùi shūfu.
24. nèige rén hēle tàiduō jiǔ, lǎoshi bùtíngde xiào.
25. yǒu rén shuō, "chī yúde shíhou yào hē bái jiǔ; chī ròude shíhou yào hē hóng jiǔ." nǐ shuō ne?
26. yǒu rén shuō, "pí jiǔ búshi jiǔ". wǒ shuō tā shuōde bú dùi.
27. Měiguó rén ài chī niú ròu; Zhōngguó rén ài chī zhū ròu.
28. nǐ xǐhuan chī chǎode cài háishi hóngshāode cài?

29. wǒmen dōu hén xǐhūan chī tángcùde cài.

30. wǒ cháng yùjian lǎo péngyou kěshi xiǎngbuqǐ tā jiao shénmo; zhēn
    bùhǎoyìsi.

31. yǒu shíhou wǒ zhēn bù zhīdao xiànzàide rén shéi shi nánren; shéi
    shi nǚren.

32. yúanlái nǐ shi Zhōngguó rén; wǒ hái xiǎng nǐ shi Měiguó rén ne.

33. jīntiānde wǎnhùi, Àihúa línshí qǐngle bùshǎo rén.

34. nǐ júedìng míng nián dào Zhōngguó qù ma?

35. nèige yǎnyúan yǎn gùo hén dūo piānzi; tā yǎnde hén hǎo, hén yǒumíng.

V. Say the following sentences in Chinese:

1. After Zhōnghǎi packed his luggage, he went to Jiashēng's house
   for dinner.

2. Mrs. Wáng made all kinds of dishes for the farewell dinner for
   Zhōnghǎi.

3. Zhōnghǎi's telephone rang while he was packing his bags.

4. I must go to the train station to fetch Daddy.

5. You don't have to go to the bookstore because I am going there
   in the afternoon.

6. Time passes so quickly. Now is spring again; the flowers are in
   bloom again.

7. He is leaving tomorrow morning. Are you going to see him off?

8. The express train leaves at ten o'clock; the local train leaves
   at eight but they both arrive at Shànghǎi at the same time.

9. The express train does not stop at this station.

10. There are many trains going to the city each morning.

11. We all like to wish our friends a pleasant trip.

12. Please sit anywhere you like.

13. She is as fat as a goose.

14. Mr. Wáng likes to tell jokes.

15. He does not like to talk at the dinner table.

16. Oh my, it is already nine o'clock, (and) I am still in bed.

17. Mrs. Wáng says "This is just an informal meal. Please help yourself.

18. Měiyīng knows how to make 'Lion's Head' and sautéed beef.

19. Did you meet Àihúa on the way to school? What did she say? Is
    she coming to the party tonight?

20. He has decided not to attend class this morning because he is
    not feeling well.

NEW CHARACTERS AND CHARACTER COMBINATIONS:

收拾 (shōu shí) to clean up, to pack   做 (zùo) to make, to do

接 (jīe) to fetch, to meet the train   胖 (pàng) fat

送 (sòng) to see someone off   笑 (xìao) to laugh

不必 (bú bì) not to need   酒 (jǐu) wine, liquor

停 (tíng) to stop   美 (měi) beautiful

慢 (màn) slow   国 (gúo) country, nation

孩子 (hái zǐ) child   美国 (Měi gúo) United States of America

中国　停车　胖人　笑话　喝酒

READING SELECTION:

1. 孩子们小的时候，妈妈早上叫他们起来给他们吃早饭还给他们收拾书包，有时候天气不好，她就开车送他们上学。

2. 我家离车站就有二里路，走路一会儿就到。　我们的车站有很多车到城里去，都是快车。

3. 那个孩子一天到晚饿。　他能吃很多菜跟饭，他的书包里也有很多吃的东西。　他很胖，别人都叫他小胖子，可是他也不生气，他就笑。

4. 很多人都爱喝酒，有的人喝了酒爱说外国话，有的人喝了酒爱笑，也有的人喝了酒就睡觉。

5. 有一天我看见一个人喝多了酒睡在路上，很多人看见他都笑，他说，"你们笑甚么？笑我睡在路上吗？　这儿就是我的家，酒就是我的好朋友，要是谁笑我，谁就得请我喝酒。"　笑的人都不笑了，因为没有人想请他喝酒。

6. 有很多学生因为他们的父母亲爱喝酒，他们也学会了喝酒，有时候他们在家里喝了酒来上课，到了学校就想睡觉，功课也不能做了。

7. 他很小的时候，他的父母亲就送他到美国来上学，现在他大了，他的父母亲也来了，可是他跟他们不能说话了，因为他就会说英文可是他的父母亲就会说中国话。

8. 有一个人很会说笑话。　他说了笑话，别人会不停的笑可是他不笑。

9. 家生问中海 "要不要文山来接你？"　中海说，"不必，不必，我会坐公共汽车，我一会儿就来。"

10. 王太太做了很多菜请朋友们吃饭，那天很多人都来了，他们都说王太太的菜做得太好了。

NOUN AND NOUN COMBINATIONS:

xìaoyúan	báwùyùan	húoche	shàngwǔ	zhōngwǔ	xìawǔ
tīanqì	hūar	yánsè	hú	shù	lǐushù
jǐaotāche	zìjǐ	cì	wēnfáng	gūa	sīgūa
xīgūa	húanggūa	kǔgūa	ròu	dòuzi	qíezi
báicài	sìjǐao	wēndù	tóu	téng	chúang
xīn	bìng	yīshēng	yīkē	zhēndùan	yào
fāngzi	xīongbù	zhēnfèi	xǐaoérkē	lǔkè	lǔgǔan
bóbo	bómǔ	shūshu	é	xǐaohùa	fànzhūo
zhūozi	bìanfàn	jǐu	ròuwán	níuròu	zhūròu
nán	nǔ	yǎnyúan	qìshǔi	fēnsī	báijǐu
hóngjǐu	píjǐu	yú			

PROPER NOUNS:

Máotái	Láoshān	Zǐrén	Shīzitóu	tángcùyú	hóngshāoyú

MEASURES:

kē (for tree,cabbage)   kē (for medicine tablets)   zhāng (for table,bed)
bān (for scheduled transportation)

ADJECTIVES AND COMPOUND-ADJECTIVES:

yīshàng	hǎochī	pàng	féi	cháng	bái (color)
lǜ (color)	rè	hùai	shūfu	lǐuzhī	tǎoyàn
zùihǎo	bú cùo	dàpī	gèzhǒng		

VERBS AND COMPOUND VERBS:

kāi fāngzi	kāi chē	qí	júede	pǎoláipǎoqù	zhǎng
chǎo	língmài	téng	tǎng	gòngyīng	shùi
shùizhǎo	shēngbìng	xíng	máfan	zhǎolíang	jìnlái
xǐhūan	yùanyì	tīng	fúwù	shōushí	shōu
wèi..jìanxíng	bìděi	bùbì	sòng	sòng dào	tíng
hóngshāo	yùjìan	júedìng	yǎn	gūai	

ADVERBS:

zěnmo	nènmo	yìzhíde	wǎng	nándé	wán	zhǐ	shàng
xìa	tèbíe	cái	dàgài	lǎoshi	cùo	yíxìazi	gèng
búdàn.....érqǐe		lìkè	yíxìang	yéxǔ	kùai	màn	ránhòu
zhūanmén	hǎohǎode	tóngshí	súibìan	línshí	zhèyàng	zùihǎo	

EVERYDAY PHRASES AND CHINESE IDIOMS:

yìdíar yě búcùo!   zěnmo bàn?   bùhaoyìsi.   zhù nǐ yilu píngan.
nènmo hǎochī(hǎowár,hǎokàn).   bùdelǐao!   bíe kèqile!

REVIEW ON PARTICLES 'bǎ' AND 'de' :

The function of the verb particle 'bǎ' is to place the object before the verb, in which position the object receives the action from the verb. It is a very common construction in Standard Speech to express a command or a request. For example.   bǎ shū géi wǒ (Give me the book.)
                                   or
            qíng ní bǎ shū géi wǒ (Please give me the book)

In this example, the object 'shū' is placed between the particle 'bǎ' and the verb 'géi'.

            qíng bǎ Zhōnghǎide xínglǐ nádao 401 fǎngjīan.
            (Please take Zhōnghǎi's luggage to room 401.)

In this sentence, although some specifications were added, the basic pattern remains the same: 'bǎ obj. verb'

Exercise: Use the 'bǎ' pattern for the following sentences:

1. Please give me the red pencil.
2. Please give him his key.
3. Wénshān, take out this soup.
4. Did you hand in your report?
5. Please go to the bus stop to fetch Zhōnghǎi.
6. He has already taken out those dishes.
7. This morning I did not give him the money.
8. Please take the books to upstairs.

ABOUT 'de': Particle 'de' has many functions. Here are three basic ones:
   A. As a possessive: wode, nide, tade
               zhèiben shū shi wǒde búshi nǐde yě búshi tāde.
               (This book is mine; not yours, also not his.)
   B. To indicate a completed action like suffix 'le': 'de' is
          usually used together with 'shì'(verb to be) and is placed at
          the end of the sentence after the verb.
                    tā shì zuótian húiláide. (He did come back yesterday.)
          One may change the above statement into a statement with 'le':
                    tā zuótian húilái le. (He came back yesterday.)
       Although the two statements both inform us when he came back,
          the first one makes a slight emphasis on the date while the second
          one is just a simple statement.
   C. 'de' as a 'link' between the modifying clause and the noun:
          The structure of a Chinese sentence is in some aspects quite
          different from an English sentence. In English we say:

This is the book which I bought yesterday.

In this sentence the subordinate clause 'which I bought yesterday' is placed <u>after</u> the noun 'book'. The same sentence in Chinese would be: zhèi shì wǒ zuótian mǎide shū.

'zhèi shi'(this is) remains at the same position while the modifying clause 'wǒ zuótian mǎide' comes <u>before</u> 'shū'(noun). In Chinese,the subordinate clause stands <u>before</u> the noun and 'de' is used as a link between the modifying clause and the noun it modifies.

Exercise: Translate the following sentences into Chinese:

1. Whose movie tickets are those on the dining table?
2. This key is not mine;it is hers.
3. Mrs. Wáng did invite Yǒuméi but he could not come.
4. Aìhúa is indeed very tall.
5. Wénshān did eat five dumplings.
6. The red pen which I bought yesterday is not very good.
7. The man who is talking with Zhōnghǎi is Wénshān's father.
8. This afternoon,Zhōnghǎi went to visit those places he previously wanted to visit.

SHÙIDEZHÁO,SHÙIBUZHÁO (able to fall asleep, not able to fall asleep)

The patterns:(<u>verb plus 'dezháo'</u> and <u>verb plus 'bùzháo'</u>) can be combined with other verbs such as mǎi,kàn,chī etc.

Use the above patterns for the following sentences:

1.This book cannot be bought anymore in the bookstore.
2.I think we still can get tickets for that film.
3.I looked for a longtime but I still could not find my book.
4.Last night, after I drank tea I could not sleep.
5.Chinese pens cannot be bought in this store.
6.If you still won't go to see this film,then you won't be able to see it.

PǍOLÁIPǍOQÙ(running back and forth) This is an action-repeated expression.

(verb plus'lái' verb plus'qù')

Other verbs can be used with this pattern.

Use the above pattern for the following sentences:

1.Měiyīng looked here and there and she still could not find her pencil.
2.The old man walks back and forth in front of my door.
3.She has been talking about the same thing for a long time. We do not want to hear about it anymore.
4.The students are riding their bicycles all over the campus. They are very happy.

READ THE FOLLOWING AND ALSO SUPPLY THE MISSING WORDS:

guòle yìtiān Zhōnghǎi yílù píngānde huídàole Shànghǎi. tā dàole
huǒchēzhànde shíhou, tā kànjiàn Zhāng tàitai dàizhe liǎngge háizi dōu lái
jiē tā le. tāmen dōu gāoxìng jíle. zài lù shàng, tāmen bùtíngde wèn tā:
tā dào Běijīngde shíhou shéi qù jiē tā; tā zhù zài shénmo lǚguǎn; zài Běi-
jīng cānguānle shénmo dìfāng; kànjiànle shénmo péngyǒu; chīle xiē shénmo
hǎo cài; Běijīngde tiānqì hǎobuhǎo. Zhōnghǎi shuō: "wǒ yǒu yìdiǎr lèi. ràng
wǒmen xiān huíjiā hē yì bēi chá, wǒ zài mànmànde gàosu nǐmen ba.

tāmen dàole jiā yǐhòu, Zhāng tàitai jiù ná le yìbēi chá lái. Méiméi
shuō: "bàba, kuài gàosu wǒmen; wǒmen děngzhe tīng ne." Zhōnghǎi shuō: "dì-yī
tiān wǒ dàole Běijīng huǒchēzhàn _____ jiù lái jiē wǒ. _____ méiyǒu
lái yīnwèi tā yǒu shì bùnéng lái. _____ péi wǒ dàole Běijīng _____.
wǒ zài nèr xiūxîle yìhuǐr jiù gēn _____ dào tā jiā qù chīfàn. dì-èr tiān
wǒ jiù qù cānguānle _____ guǎngchǎng gēn _____ táng. yīnwèi _____
bówùyuàn yě zài guǎngchǎng shàng, wǒ yě cānguānle zhèige bówùyuàn. wǒ zǒude
hěn lèi kěshi zhèige bówùyuàn zhēn zhídekàn. nǐmen yǐhòu qù Běijīngde
shíhou yídìng děi qù kàn. _____ táng dàjíle. lǐtou hái yǒu yíge hěn
dàde fàntáng yǒu wǔ bǎi zhāng zhuōzi; měi zhāng zhuōzi kéyi zuò shíge rén.
zhèyàng wǔ qiān (thousand) wèi kèren néng tóngshí yíkuàr chīfàn. nǐmen
zhīdào zhèige fàntáng shì zhuānmén wèi zhāohu dào Běijīng lái kāihuìde
rénmínde hái yǒu dào Zhōngguó láide wàiguóde guìkè xiàng Měiguode Jíxīnggé
xiānsheng jiù shì cháng kè. tā yǐjing zài zhèige fàntáng chī guò hěn duō
cì fàn le." Zhāng tàitai shuō: "wǒ tīngshuō tā hěn xǐhuan chī Zhōngguó fàn.
dàgài Jíxīnggé xiānsheng zài Měiguó yě yǒushíhou chī Zhōngguó fàn ba." Dìdi
shuō: "tā zài Měiguó yě chīdezháo Zhōngguó fàn ma?" Méiméi shuō, "Dìdi, nǐ
shénmo dōu bùzhīdào! Měiguó yǒu hěn duō Zhōngguó fànguǎn ne." Dìdi shuō:
"Jí xiānsheng yídìng cháng chī Zhōngguó fàn; yīnwèi tā hěn pàng." Méiméi
shuō: "aì chī Zhōngguó fàn jiù huì pàng ma? zhēn xiàohua. nǐ kàn, māmā pàng
ma? bàba pàng ma? wǒ pàng ma? jiù shì nǐ yíge rén pàng. búshi yīnwèi nǐ
chī Zhōngguó fàn; shi yīnwèi nǐ chīfàn chīde tài duō." Zhōnghǎi shuō: "hǎole,
wǒ yě è le; xiǎng chī fàn le. děng wǒ chīle fàn zài shuō Běijīng ba."

zài fànzhuō shàng, Zhōnghǎi gàosu tāmen tā hái qù cānguānle _____
dàxué; zài tāde lǎo péngyǒu _____ _____ jiā chī zhōngfàn. tā shuō: "zhèige
dàxué bǐ yǐqián wǒ zài nèr shàng xuéde shíhou gèng dà le; yǒu hěn duō dà
gāolóu gēn tǐyùguǎn. nàtiān xiàwǔ, tiānqì hěn hǎo, wǒmen hái dào fùjìnde yíge
gōngshè qù cānguān. nèige gōngshè jiào _____. nǐmen tīngshuō le ma? zhèi-
ge gōngshè jiù zhòng _____ gēn _____; yìnián sìjì dōu yǒu. dōngtiānde

shíhou yě yǒu yīnwèi tāmen yǒu _____ . zhèyàng shúiguǒ gēn qīngcài jiù zhǎngde hǎo yě búhùi hùai." Méimei shūo: "bàba, nǐ qùle Chángchéng le ma?" Zhōnghǎi shūo: "wǒ shàngge lǐbài lìu qù le. nà tīan wǒ hǎi yùjìan Zìrénde nǚ háizi Àihúa. tā gēn yíge nán tóngxúe yě zài nèr wár. wǒmen zài Wáng jīa chīfànde shíhou, wǒ gàosu dàjīa le. tā jìu júede hěn bùhǎoyìsi. Wáng jīade nán háizi Wénshān yě bú tài gāoxīng le. wǒ xīang, Wénshān dàgài yǒu yìdīar xǐhūan Àihúa. kěshi tīngshūo Àihúa yǒu hěn dūo péngyǒu." Zhāng tàitai shūo: "háizimende shì shéi zhīdao ne? wǒ jìu zhīdao shíhou gùode tài kùai. tāmen dōu dà le, wǒmen yě lǎo le." Dìdi shūo: " wǒ bú dà, nǐ yě bù lǎo. māmā, nǐ kànzhe hái hěn níanqīng ne." Zhāng tàitai shūo: "Dìdi, xìexie nǐ."

TRANSLATE THE FOLLOWING PARAGRAPHS INTO CHINESE:

1. The Evergreen Commune is at the western suburb of Peking. The distance between Peking and the commune is about twelve or thirteen miles. It takes approximately forty-five minutes by bus. In that commune they grow vegetables and fruits. Since they have a green house, they are able to grow their vegetables and fruits in winter. The members work to-gether(and) sometimes also eat together in their big dining hall. Some old folks live with their family and some who do not have any family, live together.

2. When Zhōnghǎi was leaving Peking, he went shopping. There were so many things in the store and he did not know what to buy. He wanted to buy for his children something that cannot be bought in Shanghǎi and he looked and looked but could not decide. Later, he bought for them a manegerie of little chicks, fish, horses and lions all made of stone.

DESCRIBE IN CHINESE: How did Zhonghai become sick; What did he suffer from; which doctor came to examine him; how did the doctor examine him; what temperature did he have and whether the doctor prescribed any medicine.

CHARACTER REVIEW:

LESSON XXI: 就 春 夏 秋 冬 站 气 肉 瓜 水 果 温 度 社

LESSON XXII: 病 痛 睡 床 别 姓 觉 快 医 凉 甚 么 时 候 能 着

LESSON XXIII: 收 拾 接 送 必 停 做 胖 笑 酒 国 美 孩 子

CHARACTER COMBINATIONS:

西瓜	温度	收拾	送孩子	学开车	买东西去
冬瓜	生病	接车	去上学	常不来	不能停车
水果	病痛	送人	快看书	公社好	做甚么饭
青菜	医生	就来	别睡觉	大家忙	买中国菜
天气	孩子	马路	爱喝酒	吃西瓜	睡在床上
生气	儿子	停车	常生病	在夏天	甚么时候
春天	中国	不能	别生气	冬天凉	水果好吃
夏天	美国	别叫	好天气	别生病	看医生去
秋天	胖子	睡觉	没时候	快回家	生甚么病
冬天	做饭	甚么	姓甚么	车站远	吃不下饭
公社	笑话	不必	做功课	学校近	美国孩子
车站	喝酒	得去	去开会	美国人	中国母亲
					不好意思

READING SELECTION:

1. 夏天的时候西瓜很多，人人都爱吃因为西瓜的水多。　冬瓜也很好吃可是冬瓜不是水果是青菜，中国有很多，美国不太多，可是在中国城也买得到。

2. 图书馆里常有很多学生说话不看书，有时候他们坐在那儿还说笑话，别人也不能看书了。

3. 北京的春天跟秋天都很好，有很多人都在这个时候到北京去玩儿。

4. 四季青公社的青菜跟水果在北京的城里都能买到，因为他们的青菜跟水果好，买的人很多，一下子就没有了。　要是你也想买四季青的菜，你要在早上很早起来去买。

- 76 -

5. 有很多人说他们太胖了得少吃东西，他们就不吃早饭也不吃中饭，到了吃晚饭的时候他们就吃很多饭跟菜喝很多酒跟茶，因为他们一天不吃饭太饿了。 你说，他们是不是少吃了东西？

6. 那个孩子不好好的吃饭，爱吃别的东西，常生病，病了就不能上学，功课也不好。医生来看他，医生说，"从今天起你要好好的吃饭，不要在饭前吃别的东西，那你就能天天上学了。" 孩子说，"我想，我还是生病吧，因为我不要上学，也不要做功课。"

7. 因为爱华跟别人出去玩儿了，文山很生气。 爱华跟他说话，可是他不想跟爱华说话。他说他的头痛，就离开大家走了。

8. 中海从上海来北京的时候，家生因为教书没有去接他，觉得很不好意思，中海从北京走的时候，家生跟王太太都去送他了，他们问他甚么时候再来，请张太太跟孩子们一块儿来。

9. 在美国中国人很多，中国饭馆也很多，他们的菜都做的很好，也会做上海菜跟北京菜。我们也常到饭馆吃饭，在饭馆里，有时候也看见很多朋友。

10. 有一天文山在学校里觉得头很痛，很累，不想吃中饭，朋友们说，"文山，你看上去不太好，你还是回家吧。" 一个朋友说，"我家离你家不很远，我送你回家吧。"他们一块儿坐公共汽车的时候，文山说，"我想，你先送我去看马医生，他就离我家很近，因为我觉得头很痛，看了医生就回家睡觉，要是我先睡觉，我想我就不能起来了。"

11. 爱喝酒的人看见酒就想喝，你们看见在马路上睡觉的喝酒朋友了吗？ 他们一天到晚喝了酒就睡觉，睡了觉又喝酒，你们觉得他们很可笑吗？ 他们都是生了喝酒病的病人。

12. 在美国有汽车的人很多，会开车的人也很多。 汽车走得很快，一下子从城外就到了城里，一下子从城里回到城外，可是有时候到了城里不能停车，那就很头痛了，在那个时候，你就想"还是坐公共汽车好！"

13. 在晚上你喝了茶能睡觉吗？ 有时候我喝了茶不能睡觉，就起来看书，要看很久，有时候到了早上觉得累了想睡了，可是得起来了。

14. 朋友生病时候要是你去看他，就坐在那儿看他想要甚么，想吃甚么，想喝甚么，给他收拾他的床跟东西。 别跟病人说太多话，也别跟一块儿来的朋友说笑。 因为病人会觉得累，可是他不好意思说。

15. 一天钱爱华在家开了一个晚会，她一共请了二十个朋友。 她请妈妈做了很多菜，她还买了酒，汽水跟水果。 那天晚上吃饭的时候就有三个人喝酒，别的人都不会喝酒就喝汽水，那三个喝酒的朋友都喝多了，一个人不停的说英文，一个人不停的笑，还有一个人就睡觉，朋友们都觉得他们很可笑，钱太太说，"爱华，快给他们喝茶吧，喝了茶，一会儿就好了。"

16. 有一个卖菜的人常在我家外头卖菜，他来的时候，很多太太们都出来买，他的菜很好，水果也大，夏天的时候他的汽车里都是大西瓜，一块钱一个，因为不贵，大家都买，一下子就都卖了。

17. 小孩子们吃饭就爱吃肉，不爱吃菜，父母亲要教孩子们多吃青菜，水果，不能就吃肉。肉吃太多了，不好。

18. 中海回到上海家中觉得很累，睡了一天，第二天大学开学了，他就回到学校去教书。那天的天气很好，学校离中海家很近，他就没有坐车，走路去，在路上看见不少他的学生，中海就跟他们一路说话的走到了学校。

19. 那天王家生给中海送行的时候，文山说他的头很痛也不想跟爱华说话因为他生气了。第二天爱华在学校里看见文山，她问文山，"今天你的头还痛吗？ 要不要跟我一块儿到图书馆去做功课？ 要是你的头还痛，你就不必去了。" 文山看看爱华，他笑了，他说，"爱华，今天我的头好了，不痛了，我们一块儿去吧。"

20. 这本书里的北京你们觉得好吗？ 你们也想去中国玩儿玩儿吗？ 要不要去看看这本书里的朋友们请他们跟你一块儿到四季青公社去看看；到北京大学去玩儿玩儿？ 要是你去，你就春天的时候去，因为那个时候天气好。

FUN WITH RHYTHM

The following exercises provide more rhythm drill for students already familiar with the rhythm drill in the "Chinese For Beginners". They may be adapted for classroom performance and used as games.

In a performance, the students form a 'speaking chorus' with the teacher as the 'conductor'. The students will recite the lines in unison to the tempo indicated by the teacher. This format may be varied for effects. For example: one or two students may be singled out to speak a 'solo line' followed by the chorus repeating the same line in unison; or a group of students may ask a question and another group answer it. A pair of clappers, a small gong or a drum may also be used to stress the rhythm and to add to the excitement of the performance.

XIANSHENG NÍN GUÌXÌNG?

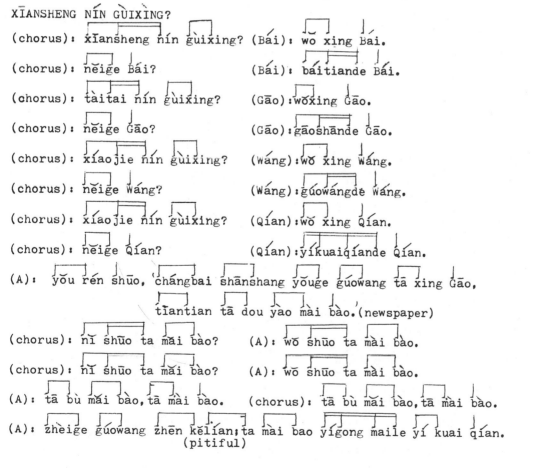

(chorus): xīansheng nín guìxìng?   (Bái): wo xìng Bái.

(chorus): něige Bái?   (Bái): báitiande Bái.

(chorus): tàitai nín guìxìng?   (Gāo): wǒxìng Gāo.

(chorus): něige Gāo?   (Gāo): gāoshānde Gāo.

(chorus): xíaojie nín guìxìng?   (Wáng): wǒ xìng Wáng.

(chorus): něige Wáng?   (Wáng): gúowángde Wáng.

(chorus): xíaojie nín guìxìng?   (Qían): wǒ xìng Qían.

(chorus): něige Qían?   (Qían): yíkuaiqíande Qían.

(A): yǒu rén shūo, chángbai shānshang yǒuge gúowang tā xing Gāo, tīantian tā dou yào mài bào. (newspaper)

(chorus): nǐ shūo ta mǎi bào?   (A): wǒ shūo ta mǎi bào.

(chorus): nǐ shūo ta mǎi bào?   (A): wǒ shūo ta mǎi bào.

(A): tā bù mǎi bào, tā mài bào.   (chorus): tā bù mǎi bào, tā mài bào.

(A): zhèige gúowang zhēn kělían; ta mài bao yígong maile yí kuai qían.
(pitiful)

- 79 -

(chorus): ou-, zhēn kělían, zhēn kělían, ta mài bao yígong maile yí kuai qían.

zhēn kělían, zhēn kělían, ta mài bao yígong maile yí kuai qían.

(chorus): tā shi Měiguode gúowang ma? (A):tā búshi, tā búshi.

(chorus): tā shi Yīngguode gúowang ma? (A):tā búshi, tā búshi.

(chorus): tā shi Zhōngguode gúowang ma?(A): yě búshi, yě búshi.

(chorus): tā shi něiguode gúowang? } (A): tā shi Éguode gúowang.
(Russian)

(chorus): tā shi Éguode gúowang! yúanlai tā shi Éguode gúowang!

yúanlai tā shi Éguode gúowang! }

(chorus): tā dà ma? (A):tā bú dà. (chorus):tā gāo ma?(A): tā bù gāo.

(chorus): tā xiǎo ma?(A):tā ye bu xiǎo.

(chorus): gúowang bú dà ye bu xiao; ta jiushi yige bù gāo bú dà ye bu

xiǎode É guo gúowang.

SHŪO SHÉNMO HÙA?

(chorus):Bái xiansheng huibuhui shuo Zhōngguo hùa?

(Bái): wǒ bu hùi.   (B): tā bu hùi.

(chorus): Gāo taitai huibuhui shuo Yīngguo hùa?

(Gāo): wǒ bu hùi   (B):tā bu hùi.

(chorus):Qían xiǎojie huibuhui shuo Éguo hùa ?

(Qían): wǒ bu hùi.   (B):tā bu hùi.

(chorus): nǐmen hùi shuo shénmo hùa?

(Bái,Gāo,Qían): wǒmen jìu hui shuo Měiguo hùa.

(all): Měiguo hùa zhēn hǎotīng;Měiguo hùa yòu hao xúe. wǒmen dàjia

dūo shuo Měiguo hùa.

MÁO BǏ

(C): nǐmen kàn,- Wáng xiānsheng názhe yīzhi bǐ!

(chorus): shénmo bǐ?   (Wáng): máo bǐ. (Chinese brush)

(chorus): shénmo máo?   (Wáng): yáng máo.(fleece)

(chorus): shénmo yáng?   (Wáng): shān yáng. (mountain goat)

(chorus): shénmo shān?   (Wáng): xǐao shān. (small mountain)

(all): xǐao xiao shānshang shānyang pǎo;shānyang tóushang yǒu yangmáo.

(A,B): jiānxia yángmao zùo maobǐ.
       (out off)
(all): máobi hao,maobi hao;naqi máobi hùa zhi xǐao hei mǎo. (black kitten)
                                        (draw)

第　丿　ト　竹　竹　竹　竺　笃　笃　第　第

晚　丨　刀　月　日　日'　日'　日ク　日多　晚　晚

会　丿　人　人　仝　会　会

说　丶　讠　讠'　讠'　讠'　说　说　说　说

话　丶　讠　讠'　讠'　讠'　话　话　话

学　丶　''　''　'''　''''　学　学　学

意　丶　二　十　六　立　产　音　音　音　音　意　意

思　丨　门　门　用　田　田　思　思　思

父　丶　八　少　父

母　乚　乚　母　母　母　母

亲　丶　二　十　六　立　立　辛　辛　亲

教　二　十　土　耂　考　考　考　孝'　教'　教　教

因　丨　门　门　团　因　因

为　丶　丷　为　为

跟　丨　口　口　吊　吊　足　足　跗'　距'　距ヲ　跟　跟　跟

现　二　二　干　王　玑　现　现　现

位　丿　亻　亻'　亻'　位　位　位　位

- 82 -

里 丨冂冂日甲甲里
外 ノクタ夕外
头 ー二头头头
玩 ー二干王王 玗玩
青 ー二丰圭耂青青青
季 ー二千禾禾季季季
住 ノイイ`仁仁住住
从 ノ人从从

远 一二于元 元远远
近 ノ厂斤斤斤近近
城 一十土圹圹坊 城城城
离 丶亠亠文区卤 卤离离离
得 ノノイ行彳彳彳彳得得
东 一匕车东东
西 一冖冋兀丙西

爱　　ノ ハ ベ バ ビ ビ ビ ダ 严 爱

华　　ノ イ イ 化 伫 华

路　　丶 口 口 足 足 足 足 政 路 路 路

谢　　丶 讠 讠 讠 讠 讠 询 谢 谢 谢

馆　　ノ 人 仑 仑 仑 飠 飠 馆 馆 馆 馆

店　　丶 亠 广 庐 庐 庐 店 店

校　　一 十 才 木 木 杧 杧 柈 杦 校

回　　丨 冂 冂 回 回 回

图　　丨 冂 冂 冈 冈 图 图

开　　一 二 干 开

功　　一 丁 工 功 功

课　　丶 讠 讠 讠 讠 课 课 课 课 课

常　　丶 丷 丷 丷 尚 尚 常 常 常 常

可　　一 丅 丆 可 可

就　、　亠　古　古　亨　京　京　京　就　就　就

春　一　二　三　丰　夫　耒　春　春　春

夏　一　丆　丆　万　百　百　頁　頁　夏

秋　ノ　二　千　千　禾　禾　利　秒　秋

冬　ノ　ク　夂　冬　冬

站　、　亠　立　立　立　立丨　立卜　站　站

社　、　ラ　礻　礻　礻　礻一　礻十　社

气　ノ　一　气　气

肉　１　冂　内　内　肉　肉

瓜　ノ　厂　瓜　瓜　瓜

水　１　沝　水　水

果　、　冂　冃　旦　旦　甲　果　果

温　、　ミ　氵　氵　沮　沮　沮　沮　渭　渭　温

度　、　亠　广　产　庇　庶　庹　度

病　丶一广广疒疒疔病病病

痛　丶一广广疒疒疗疗痛痛痛痛

睡　丨刀月月目目′盱盰盰睡睡睡睡

觉　丶丶丷丷兴兴兴觉觉

床　丶一广广庄庄床

别　丨口口另别别

凉　丶丶丷冫冫冷洁凉凉凉

什　丿亻仁什

么　丿厶么

时　丨刀月日日一时时

候　丿亻仆仁忊仸候候候候

快　丶丨忄忄忊快快

医　一厂匸三牙医医

能　厶厶亼台台台能能能

着　丶丷丷兰兰羊羊着着着着

收　ㄥ ㄐ ㄐ/ ㄐㄴ ㄐㄥ 收

拾　一 寸 扌 扌′ 扒 拎 拾 拾 拾

接　一 寸 扌 扌ˋ 扩 扩 护 护 拉 接 接

送　丶 丷 丷 兰 关 关 关 送 送

必　丶 丷 丷 必 必

停　丿 亻 亻ˋ 亻一 亻一 亻亡 亻亡 停 停 停 停

慢　丶 丶 忄 忄 忄′ 忄冂 忄冂 忄日 恺 愫 愫 愫 慢 慢

孩　フ ㄱ 子 孑ˋ 孑亠 孑士 孑歩 孩 孩

子　フ ㄋ 子

做　丿 亻 仁 什 什 佑 估 估 估/ 故ˋ 做 做

胖　丨 刀 月 月 月ˋ 月ˊ 月丷 月ㄴ 胖

笑　丿 丿 ⺮ ⺮′ ⺮ ⺮ ⺮ 竺 竺 笑

酒　丶 丶 氵 氵一 氵一 沔 沔 洒 酒 酒

美　丶 丷 丷 兰 羊 羊 美 美 美

国　丨 冂 冂 冃 用 周 国 国

VOCABULARY

The following Pīnyīn words are listed alphabetically together with the characters which appear in this volume. The numbers on the right indicate the lessons in which the words first appear.

A

aīyā!	expression of surprise	19
ā-sī-pī-líng	aspirin	22

B

báicài		cabbage	21
báijǐu		white wine	23
bàogào		report	17
bān		measure for scheduled train etc.	23
bàn		to do	22
bàngōng		to do office work	19
běi		north	19
bǐ		to compare	21
bìanfàn		family style dinner	23
bíede	别的	other	22
bìng	病	illness	22
bóbo		uncle(elder)	23
bómǔ		aunt	23
bówùyùan		museum	19
búbì	不必	not to need	23
búcùo		not bad	21
bùcháng	不常	not often	19
búdàn...érqǐe		not only... but also	22
budéliǎo	不得了	Goodness!	23
búgùo		but;not more than	17

C

cái	thus, hence	21
cǎodì	lawn	19
cì	number of times	22
cù	vinegar	23

cùo		wrong	21
chà		less	18
chàbudūo		almost	18
cháng	常	often	18
Chángchéng		The Great Wall	19
chǎo		to fry,to sauté	21
chéng	城	city	18
chénglǐ	城里	inside of the city	18
chéngwài	城外	outside the city	18
chúandá		to transmit	19
chúandá shǐ		reception room	19
chúang	床	bed	22
chúle..yǐwài		besides	18
chūn	春	spring(season)	18

D

dàgài		probably	22
dàihuiqù		to bring back	21
dàmén	大门	main entrance	18
dàpī		in large quantity	21
dàochù		everywhere	18
dàxúe	大学	college	17
děi	得	must, to have to	18
dì	第	(ordinalizing prefix)	17
dì-èr	第二	second	17
dìfāng		place	18
dōng	冬	winter	18
dōng	东	east	17
dōngxi	东西	things	17-1
dòu		to tease	23
dòuzi		bean	21
dù	度	degree of temperature	21
duìle		correct	17

kèsòu	to cough	22
kēxué	science	18
kēxué yùan	science institute	18
kùai 快	fast	23
kŭgūa	bitter melon	21
kŏngpà	for fear of	17

L

láigùo	to have been to	17
lăo	old	19
Láoshān	name of a mountain	23
lăoshì	always, habitual	21
lí 离	distance from	18
lĭ 里	mile	18
lĭang	to measure	22
lĭang 凉	cool	22
lĭang	two (a couple of)	19
lĭang bĭar	both sides	19
líkāi 离开	to leave	19
lìkè	immediately	22
língmài	to retail	21
lìngwài	other than this	22
línshí	temporary	23
lìshĭ	history	19
lìshĭ bówùyùan	museum of history	19
lĭushù	weeping willow	21
líuzhī	liquid	22
lóu	tall building	19
lóushàng	upstairs	19
lóuxìa	downstairs	19
lù 路	road	19
lŭguan	hotel	22
lŭkè	traveler	22
lùsè	green color	21

M

máfán	to bother	22
màipìao yúan	ticket seller	18
màn	slow	23
Máotái jĭu	a Chinese liquor	23
měi 美	beautiful	19
Měigúo 美国	USA	19
Měiyīng 美英	a given name	19
míngbái	to understand	19
mŭqīn 母亲	mother	17

N

nà	in that case	18
nán	south	19
nán	male	23
nándé	rarely	19
nàxīe	those	21
nènmo	in that way	23
níu	cow; ox; bull	23
níu ròu	beef	23
nŭ	female	23

P

pàng 胖	fat (to describe a person)	23
păo	to run	21
pìanzi	film	17
pìao	ticket	18
píngān	safety	23
pínggŭo	apple	18
pí jĭu	beer	23

Q

qí	to sit astride on a horse or bicycle	19
qíantou	in front of	18
qíao	bridge	19
qíezi	eggplant	21
qīng 青	green; blue	18
qīngcài 青菜	(green) vegetable	18

Pinyin	Characters	Definition	Lesson
Qīnghúa		name of a well-known university	18
qìshǔi	汽水	soda	23
qīu	秋	autumn	18
R			
ràng		let; yield	19
ránhòu		afterwards	19
rènshi		to know; to recognize	17
ròu	肉	meat	21
ròuwán		meat ball	23
S			
shàng chē	上车	to board a vehicle	18
shàng cì		last time	23
shànglóu		to ascend the stairs	19
shàng wǔ		forenoon	19
shè	社	association	21
shēng bìng	生病	to become sick	22
shénmode	甚么的	et cetera	21
shèyúan		member of an association	21
shǐ		room	19
shì		matter; job; work	17
shīfàn		teachers' college	18
Shísānlíng		13 Ming Tombs	19
shítou		stone	18
shīzi		lion	18
shīzitóu		Lions Head (a dish)	23
shōu	收	to accept	22
shōu dào	收到	to receive	22
shōushi	收拾	to clean up	23
shù		tree	21
shūfu		comfortable	21
shùi	睡	to sleep	22
shúiguǒ	水果	fruit	18
shùijìao	睡觉	slumber	22
shùizháo		to fall asleep	22
shūo	说	to say	17
shūohùa	说话	to speak	17
shūshu		uncle (younger)	23
sīgūa		green squash	21
sìjì	四季	the four seasons	18
sìjīao		suburb	21
Sìjìqīng	四季青	Evergreen (name of a commune)	18
sòng	送	to send; to see someone off	23
súibìan		as one pleases	23
súoyǐ		therefore	21
T			
tǎng		to lie down	22
tángcù		sweet and sour	23
tǎoyàn		annoying	23
tèbíe		especially	21
téng	痛	ache, pain	22
tīanqì	天气	weather	21
tíao		(measure for road and fish)	23
tīng		to listen	22
tíng	停	to stop	23
tīngshūo		hearsay	17
tǐyù		physical educ.	19
tǐyùgǔan		stadium, gym	19
tóu	头	head	22
tùi		to recede	22
tùi shāo		the fever recedes	22
tòngkùai		to enjoy fully	17
tóngshí		simultaneously	23
tóngxúe		schoolmate	17
tōngzhī		to notify	19
túshū	图书	pictures and books	19
túshūgǔan	图书馆	library	19
túshūgǔanyúan		librarian	19

		W		
wǎn	晚	late	17	
wàng		towards	19	
wǎnshang	晚上	evening	17	
wár	玩儿	to play, to enjoy	17	
wèi	为	for	19	
wēn	温	mild(temperature)	21	
wēndù	温度	temperature	21	
wēnfáng		greenhouse	21	
		X		
xià	夏	summer	18	
xiàchē	下午	to get off from a vehicle	18	
xià cì		next time	23	
xiàlóu		to descend the stairs	19	
xiǎng		to ring	23	
xiàng		to resemble	21	
xiào	笑	to laugh	23	
xiǎoér kē		pediatrics	22	
xiàohua	笑话	joke	23	
xiàoyuán		campus	21	
xiàwǔ		afternoon	19	
xiě		to write	17	
xīguā	西瓜	watermelon	21	
xīhóngshì		tomato	18	
xǐhuan		to like	22	
xīn		heart	22	
xǐng		to wake up	22	
xiōng		strong;fierce	23	
xiōngbù		chest(part of the body)	22	
xuéwèn	学问	knowledge	17	
		Y		
yǎn		to perform	23	
yǎn yuán		actor;actress	23	
yào		medicine	22	
yàoshi	要是	if	22	
yánsè		color	21	
yéxǔ		perhaps	22	
yícì		one time	21	
yìdiǎr		a little	21	
yídìng		definitely	18	
yǐhòu		later on	17	
yī kē		sch. of medicine	22	
yílù	一路	the entire trip	23	
yīnwèi	因为	because	17	
yípiàn		a piece of	19	
yǐqián		before, previously	17	
yǐshàng		above	22	
yīshēng	医生	doctor	22	
yìsi	意思	meaning	17	
yíxiàng		usually	22	
yíxiàzi	一下子	in no time at all	22	
yìxiē		some	18	
yíyàng		same	18	
yìzhí		straight	19	
yònggōng		studious	17	
yòu		again;also	18	
yòu		right side	19	
yóulì		to travel;to tour	17	
Yǒuméi		a given name	19	
yǒumíng		famous	19	
yǒu shíhou	有时候	sometimes	18	
yǒu xuéwèn	有学问	knowledgeable	17	
yǒu yìsi	有意思	interesting	17	
yú		fish	23	
yuǎn	远	far	18	
yuàn		institute,college	18	
yùjiàn		to bump into someone	23	
yuánlái		actually;it turns out to be	23	
yuànyì		willing	22	
		Z		
zhǎng		chief,head	19	
zhǎng		to grow	21	

Zhào	surname	19	
zháo liáng 着凉	to catch a cold	22	
zhèi cì	this time	23	
zhěnduàn	diagnosis	22	
zhěnfèi	physician's fee	22	
zhèng zài	just at this moment	17	
zhèyàng	in this manner	21	
zhī	(measure for animal)	23	
zhǐ	only	21	
zhíde	worth while	18	
zhídekàn	worth seeing	18	
zhòng	to plant	19	
zhōngtóu	clock hour	17	

zhū; zhūròu	pig; pork	23	
zhù 住	to live, to stay	18	
zhù nǐ 'yílù píngān'	wishing you 'a safe journey'	23	
zhuānmén	exclusively	22	
zìjǐ	oneself	21	
zuǒ	left side	19	
zuò 做	to do, to make	19	
zuòbuliǎo 做不了	unable to do	23	
zuótian	yesterday	17	
zuì xǐhuan	to like best	23	

EVERYDAY PHRASES AND CHINESE IDIOMS:

nǐ zěnmo shūo a?	What do you say?
zěnmo zǒu?	How do I go?
zěnmo yàng?	How about it?
nǐ zěnmo zhīdao?	How did you know?
wèi shénmo?	Why?
nándé jiàn.	We hardly see each other.
yìdiǎr yě búcùo.	Exactly.
zěnmo bàn?	What shall I do?
bù hǎo yìsi.	Embarrassing.
bùdéliǎo!	My goodness!
nènmo hǎochī.	So delicious.
bíe kèqile!	Don't be so modest! Don't stand on ceremony.

CONVERSATION TEXTS IN CHARACTERS:

会话第十七课 打电话

第二天钱爱华正在吃早饭，文山就打电话来了。

文山：喂，爱华，早，你已经起来了吗？

爱华：早，我早就起来了。 昨天晚上回家不太晚吧？

文山：不晚，昨天的晚会真好。 我玩儿的真痛快，还认识了不少朋友，我父母亲也玩儿的很高兴。

爱华：对了，爸爸说，你们的朋友张中海很有学问，跟他说话有意思极了。 听说他在上海一个大学教书，现在来北京游历，是吗？

文山：对了，他是父亲大学时候的同学。 以前没有来过北京，现在来北京游历，游历。 啊，爱华，昨天晚上我要请你看电影的事，你怎么说啊？ 这个礼拜的电影很好。 很多人看过了都说好极了。

爱华：我也听说这个片子很好。 不过这个礼拜六我恐怕不能陪你去，因为我要考试还要写两个报告。

文山：你什么时候考试？ 哪天交报告？

爱华：两个礼拜以后。

文山：两个礼拜以后！ 你现在就预备，真用工。 去看电影不过两三个钟头。 还是去吧！

爱华：真的不能去，礼拜六我还要陪我母亲去买一点儿东西，再过两个礼拜我跟你去，好吗？ 谢谢。

文山：好吧，我再给你打电话，再谈。

爱华：再谈。

会话第十八课　在公共汽车上

一天，张中海坐公共汽车到北京大学去看朋友。　他在公共汽车上跟卖票员谈话。

张：一张票到北京大学，多少钱？

卖：三毛钱。

张：请问，这儿离北大远吗？

卖：不远，可是也不很近，这儿是城里，北大在城外。　差不多十二，十三英里。

张：这儿离北大就有十二，十三英里吗？　那不远啊。　公共汽车要走四十五分钟吧？

卖：差不多。　有时候上车的客人少，四十分钟就到了。　您在北大教书吗？

张：不，我是去看朋友，我在上海教书，现在来北京玩儿。

卖：好极了。　希望您多住几天，到处玩儿玩儿。

张：这儿还有什么好玩儿的地方吗？

卖：有很多。　离北大不远还有好几个大学：清华；师范；人民；还有科学院。　都很大，学生都很多。

张：除了学校以外，还有什么值得看的地方吗？

卖：啊—有。　有一个人民公社叫"四季青"的也很值得看。

张：那个公社都种些什么？

卖："四季青"顾名思义就知道是四季常青了。　他们的水果跟青菜，春，夏，秋，冬四季都有。　又大，又好，那儿的西红柿大的跟苹果一样，真好极了。

张：哦，那我一定得去看看。　谢谢您告诉我。

卖：不谢，先生，您看前头那个有两个石头狮子的大门就是北京大学，您下车吧！再见。

张：谢谢您，再见。

会话第十九课

(一) 在北京大学

张中海下了公共汽车就走到一个红的大门前头。大门的两边儿有两个石头狮子。中海走进门以后就到传达室去登记。

服务员：先生，您找谁？

张中海：我想看一位赵友梅先生。

服 ：是图书馆馆长赵先生吗？

张 ：是。

服 ：让我看看他是在家还是在图书馆，请问您贵姓？

张 ：张中海，从上海来的。

服 ：（打电话）喂，是图书馆吗？ 请问赵先生在吗？ 这儿有张中海先生找他 ···啊，赵先生，这儿有一位从上海来的张中海先生要见您。 好，请他到图书馆来，我告诉他。

张 ：他在图书馆吗？

服 ：在，他请您去图书馆，您知道怎么走吗？

张 ：不知道。

服 ：您请跟我来。 您先过这个石头桥，过了石头桥以后，就一直的往北走，走到那个办公楼前头就往右拐，经过一片草地就是科学院，图书馆就在科学院的后边儿，您听明白了吗？

张 ：听明白了，谢谢。

服 ：您好走，您离开大学的时候，请通知我们一声。

张 ：好，一定。

(二) 在图书馆里

张中海来到图书馆看见很多学生在那儿看书，也有很多在借书，他就问馆员赵先生在哪儿。

馆员：赵先生在楼上，请您上楼吧！

张　：谢谢您。

　　　（见赵）

张：老赵，怎么样？　好久不见了，太太孩子都好吧。

赵：哎呀！　中海，难得见，什么时候来北京的？

张：来了一个多礼拜了。

赵：真好，真好。　住在哪儿啊？

张：住在北京饭店，离王家生不远，常看见他们。

赵：哦，老王好吧？　我们不常见，大家都忙，又离得远，你都参观了些什么地方？

张：我去过天安门广场，人民大会堂，历史博物院，体育馆，故宫。　这个礼拜六去
　　长城，下礼拜想去十三陵地下宫。

赵：你什么时候回上海？

张：下礼拜六。

赵：为什么不多住几天呢？

张：两个礼拜也玩儿得差不多了，学校要开学了。

赵：好，现在是十一点多钟，我带你各处走走，然后去我家吃中饭，下午我带你去参
　　观一个人民公社。

张：是不是"四季青"？

赵：对了，你怎么知道？

张：公共汽车上的卖票员告诉我的。

赵：是，这个公社就在这儿附近，很有名，我们下午去看。　现在请你等我几分钟，
　　我把这一点儿事作完了，就走。

张：好，你忙吧，我在这儿看看书。

会话第廿一课　四季青人民公社

　　中海在赵家吃了中饭以后，友梅跟中海就离开赵家往校门走去。　那天天气很好，
又是春天，校园里的花儿都开了，各种颜色都有，真好看极了。　学校有一个湖，湖
的四边儿都种了柳树，一片绿色。　学生们有的在湖边儿上谈话，有的骑着脚踏车跑

来跑去，中海看了觉得很高兴，好象自己也年轻了一样。 他们走出校门就坐公共汽车，只坐了两站就到了四季青人民公社了。 他们先到传达室去登记。

服务员：请问两位找谁？

赵　　：我们不找谁，我们想参观你们的公社，可以吗？ 这位是从上海来的张先生。
　　　　因为你们这儿很有名，所以我特别带他来参观一次。

服　　：好，请您两位在这儿等几分钟，我去找一位社员来招呼您们。

　　　　（一个人走出来了）

社员　：欢迎，欢迎，两位贵姓？ 我姓周。

赵　　：我姓赵，这位姓张。

周　　：您们知道，我们的公社就种青菜跟水果，我们的青菜跟水果一年四季都有，
　　　　所以才叫"四季青"。 我先带您们去参观我们的温房。

　　　　（在温房里）

赵　　：哎呀！ 中海你看这个温房怎么怎么大啊。 这么多瓜，果，菜又大又好。

中海　：看，这是什么瓜？

周　　：哪个？

中海　：上头挂着的那些。

赵　　：我想那些是丝瓜。

中海　：看着有一点儿象黄瓜。

周　　：那些是苦瓜。 远看有一点儿象黄瓜，近看就不象了，吃着更不象。 苦瓜
　　　　苦，可是炒肉做汤都很好吃。

赵　　：中海，来这儿。 看这棵白菜多大啊，你们上海有怎么大的白菜吗？

中海　：真大。 上海有没有我不知道，可是我以前没有见过怎么大的。

周　　：两位先生，过来看看我们的豆子，又绿又大又好吃，还有茄子，西红柿什么
　　　　的，您们走的时候可以带一点儿回去。

张，赵：谢谢，不要客气。 我们买一些带回去，你们零卖吗？

周　　：不，我们的青菜跟水果都大批的供应北京跟北京的四郊。

赵　　：这个温房的温度一年四季都一样吗？ 多少度？

周　　：差不多老是七十几度，这样青菜跟水果就长得好也不会坏。

中海　：那，他们住得比人还舒服呢。

周　　：一点儿也不错。

会话第廿二课 中海病了

那天中海从郊外参观了回来，觉得不太舒服，他的头痛。 他想他大概累了就躺在床上休息一会儿，一下子就睡着了。 他醒了的时候觉得头更痛了而且觉得有点儿热。 他心里想"不好，我生病了，怎么办？" 他立刻打电话给服务台。

张：是服务台吗？ 我是四零一房间的张中海，请问这儿有医生吗？ 我生病了。

服务员：哦，您生病了？ 我们旅馆里就有一位医生，请他来呢还是另外请别的医生呢？

张：我也不认识别的医生，就请他来看看我吧。 他姓什么？

服：他姓陈，他的诊断一向不错，人也很好。

张：好，麻烦你请他就来吧，我觉得很不舒服。

服：好，我现在就打电话给他。

（陈医生叫门）

张：请进。

（陈医生进来了）

陈：张先生，我姓陈。 觉得怎么不舒服？

张：我头很痛，觉得很热。

陈：让我先量量你的温度。

（试温度）

陈：张先生，你有一点儿发烧，不太高，有一百零二度。 我想你大概着了凉，好好休息两天就好了。 要是你喜欢吃一点儿药也可以。 我就开一个方子，这样也许帮你好得快一点儿。

张：谢谢你，我愿意好得快一点儿，北京值得看的地方我还没看完呢，我下礼拜六就得回上海了。

陈：我也希望你快点儿好，这个药，请你饭后吃，每天吃四次，现在让我听听你的胸部。 请咳嗽几声。 好了，没什么，过一天就好了。

张：发烧怎么办？ 烧自己会退吗？

陈：烧自己也会退。 不过，一百零一度以上，你最好吃两颗阿斯匹灵，多喝热的流

质的东西，象汤，茶什么的，少吃肉跟饭，多休息。 过一天要是还不好，请你
再打电话来。

张：谢谢你。 请问你的诊费是多少？

陈：不客气。 我是这个旅馆里的医生，专门为旅客服务的，不收费，再见。

会话第廿三课　中海再见

　　过了两天，中海的病好了，他就去参观了以前他想要去的几个地方。 礼拜五的
早上，他先去火车站买了火车票，然后回到旅馆收拾行李。 下午他去买了一些东西
就预备到王家去吃晚饭，因为他明天早上要回上海了，他们为他饯行。 他正在收拾
的时候，电话响了，原来是家生。 家生说"中海预备好了吗？ 六点半吃饭，可是
希望你早一点儿来，要不要文山来接你？" 中海说"我差不多都预备好了，就来了。
我自己会坐公共汽车，文山不必来了，一会儿见吧。"

　　（在王家）

家生：中海，请坐，这两个礼拜过得真快啊！ 还没好好的陪你玩儿玩儿，你就要走
　　　了，明天真走吗？ 几点钟？ 我这次一定得去送你。 上次你来的时候我没
　　　去接你，太不好意思了。 你是不是坐早上十点钟的快车？ 我知道八点钟也
　　　有一班车可是慢车，每一站都停，我想这两班车差不多同时到上海。

中海：对了。 我是坐十点钟的车，这班车很快也很舒服。

　　　（文山带着钱爱华，钱先生跟钱太太进来了。）

文山：爸爸，钱先生，钱太太跟爱华都来了。

家生：哦，子人，钱太太，爱华，真好极了，大家都来了，我也请了友梅，可是他今
　　　天晚上有事不能来。 他说他祝你一路平安。 大家请随便坐。

子人：中海，真高兴又能看见你，听文山说你明天就回去了，怎么不多住几天呢？
　　　北京有很多值得看的地方啊。

爱华：王伯母呢？ 她一定在厨房里。 我去看看她。

文山：我陪你去，也许妈妈要我帮她忙。

钱太太：对了，我也去厨房帮帮她吧。

　　　（在厨房里）

王太太：哎呀，钱太太，真高兴你能来，难得见。

钱太太：有什么可以帮忙的吗？　你看你怎么做了这么多菜！

爱华：看着都那么好吃。　王伯母，我真得来跟您学学。

文山：那你来啊。　每天学一个菜，吃一个菜。　一年三百六十五天，你就学会三百
　　　六十五个菜，也吃三百六十五个菜，那你可要胖得象一只大肥鹅了。

爱华：王伯母，您看文山多讨厌，你骂他吧。

钱太太：文山真有意思，真会说笑话。

王太太：文山，快把这个汤拿出去，不要逗爱华了。

爱华：这个菜也拿出去吧，我来拿。

王太太：谢谢，你们都出去，请他们都坐下吧，菜都好了，吃饭吧。

　　　（在饭桌上）

中海：不得了，怎么多的菜。　王太太您太客气了。

王太太：没有什么菜，便饭，随便吃，不要客气。　来，先喝点儿酒吧。　家生，问
　　　他们几位都想喝什么酒？　我们有茅台，白酒，红酒跟啤酒。

中海：你们喝茅台吧，我可不能喝，太凶了，我喝白酒吧。

子人：我也不能喝茅台，我想就喝点儿啤酒吧。

家生：钱太太呢？　您喝什么？

钱太太：我可以喝一点儿红酒。

王太太：好，我陪你喝点儿红酒，爱华也喝点儿吗？

爱华：不，我不会喝。　我喝水吧。

文山：你喝汽水吧，我们两个人喝崂山汽水，好喝极了。

家生：（举杯）我们大家祝中海"一路平安"。

钱太太：下次再来北京，请把张太太带来，让我们也认识认识她。

爱华：王伯母，这叫什么汤啊？　怎么好喝！

王太太：你喜欢吗？　是粉丝肉丸白菜汤。

钱太太：您这碗狮子头好吃极了，我可做不了怎么好。

王太太：别客气，我知道你做得好，上次那条红烧鱼好吃得不得了。

钱太太：哪儿有你今天这条糖醋鱼好啊。

爱华：你们两位都怎么客气。　我说王伯母跟妈妈都会做菜，我就会吃菜。

中海：爱华的话一点儿也不错，我们就会吃菜。　看这个炒牛肉，又好吃又好看，你们快吃吧。

家生：中海，要看的地方都看了吗？　长城去了没有？

中海：上礼拜六去过了。　哦，那天我还遇见爱华跟他的一位男朋友呢，哈哈！

爱华：也不是什么男朋友，就是一个同学。

文山：哦，你不是说你有考试跟交报告吗？　不能去看电影吗？　原来是去长城！

爱华：不是，是临时决定的···我听说那张片子还在演呢，你还想去看吗？
　　　（文山不说话）

爱华：文山，我问你话呢！

文山：哦，对不起，我的头有点儿痛，我得去吃一颗阿斯匹灵。